JOHANN CHRISTIAN FRIEDRICH HÖLDERLIN

Theoretische Schriften

Mit einer Einleitung
herausgegeben von
Johann Kreuzer

FELIX MEINER VERLAG
HAMBURG

PHILOSOPHISCHE BIBLIOTHEK BAND 509

Die Deutsche Bibliothek – CIP-Einheitsaufnahme

Hölderlin, Friedrich: Theoretische Schriften / Johann Christian Friedrich Hölderlin. Mit einer Einl. hrsg. von Johann Kreuzer. - Hamburg : Meiner, 1998
(Philosophische Bibliothek ; Bd. 509)
ISBN 3-7873-1327-3

Wir danken dem Stroemfeld Verlag, Frankfurt a. M. für die Genehmigung zur Verwendung der Texte aus der »Frankfurter Ausgabe« (s. S. LV).

 — Satz: Kusel, Hamburg. Einbandgestaltung: Jens Peter Mardersteig. Druck: Strauss Offsetdruck GmbH, Mörlenbach. Buchbinderische Verarbeitung: Lüderitz & Bauer, Berlin. Werkdruckpapier: alterungsbeständig nach ANSI-Norm resp. DIN-ISO 9706, hergestellt aus 100% chlorfrei gebleichtem Zellstoff. Printed in Germany. ♾

INHALT

EINLEITUNG

I

Mit der Zusammenfassung von Hölderlins theoretischen Schriften in einem Band soll Hölderlin nicht zu einem Philosophen im Schulsinn gemacht werden. Dazu sind seine theoretischen Reflexionen zu fragmentarisch — und sie erfolgen stets im Kontext seiner dichterischen Arbeit. Gegen ihre integrale Edition mag man einerseits einwenden, daß Hölderlins theoretische Überlegungen nicht abgelöst von seiner Dichtung zu lesen sind. In der Tat sind sie jeweils mit entscheidenden Einschnitten und Zäsuren in seinem poetischen Werk verbunden. Doch gerade deshalb, weil sie einen Wandel im Verständnis der poetischen Arbeit reflektieren, können Hölderlins theoretische Schriften auch für sich bestehen. Hölderlin versichert sich in diesen Texten mit den Mitteln theoretischer Begrifflichkeit des Anspruchs poetischer Sprache. Er begründet und erläutert darin, daß (und inwiefern) das der begrifflichen Bestimmbarkeit sich Entziehende in der Sprache der Dichtung sich faßt. Eben darin aber liegt die singuläre *philosophische* Bedeutung dieser theoretischen Schriften Hölderlins. Andererseits mag man einwenden, daß es sich bei diesen Texten meist um nicht für die Öffentlichkeit bestimmte Theoriefragmente mit bisweilen hermetischem Charakter handelt. Gerade dadurch aber können sie Anstoß zur weiteren Reflexion geben und zur »Anstrengung des Begriffs«, in der das in ihnen in nuce Angelegte entfaltet wird.

Es waren Einsichten und Denkmotive Hölderlins, die Hegel philosophisch transformiert und systematisch entfaltet hat. Spätestens ab der Peripetie in der Homburger Zeit 1799/1800 weisen aber sowohl Hölderlins poetische Arbeiten als auch seine theoretischen Überlegungen über die Grenzen des idealistischen Systems hinaus. Seine theoretischen Schriften formulieren eine Dichtungstheorie in dem emphatischen Sinne, daß die Notwendigkeit einer Sprachfindung, die »freie Kunstnachahmung« bedeutet, begründet wird. Zentral sind hier ›Das untergehende Vaterland ...‹ und ›Wenn der Dichter einmal des Geistes mächtig ist ...‹, die beiden wichtigsten der 1799/1800 entstandenen theoretischen Fragmente.[1] Die Sophokles-Anmerkungen formulieren dann, nicht nur wegen der in ihnen entwickelten Tragödientheorie, Perspektiven, die ›jenseits des Idealismus‹ reichen.[2] Zunächst aber führt Hölderlins theoretische Arbeit in die Ursprünge dessen hinein, was man nachmalig spekulativer Idealismus genannt hat.[3]

Die anfänglichen Bezugspunkte seiner theoretischen Reflexionen hat Hölderlin in einem Brief an Neuffer benannt. Er spricht von einem »Aufsatz über die ästhetischen Ideen« und hält programmatisch fest, daß er als ein Kommentar zu Platons ›Phaidros‹ zu lesen sei. Weiter heißt es: »Im Grund soll er eine Analyse des Schönen und Erhabenen enthalten, nach welcher die Kantische vereinfacht, und von der anderen Seite vielseitiger wird, wie es schon Schiller zum Theil in seiner Schrift über Anmuth und Würde gethan hat, der aber doch auch einen Schritt weniger über die Kantische Grenzlinie gewagt hat, als er nach meiner Meinung hätte wagen sollen.«[4] Der ›Phaidros‹ also verknüpft mit der Erklärung des Grundes ästhetischer Erfahrung in der ›Kritik der Urteilskraft‹ — das ist das Programm. Hölderlin geht vom ›Phaidros‹ — und damit von der Lehre der ›begeisterten Erinnerung‹, die der Sprache bedarf — und von der ›Kritik der Urteilskraft‹, mit der über die

[1] Vgl. S. 33–62 (der Ausdruck »freie Kunstnachahmung« S. 34).

[2] Zu diesem Stichwort vgl. Jenseits des Idealismus. Hölderlins letzte Homburger Jahre (1804–1806), hg. von Chr. Jamme u. O. Pöggeler, Bonn 1988.

[3] Darauf hat zuerst D. Henrich hingewiesen, vgl.: ›Hölderlin über Urteil und Sein‹ (zuerst erschienen in: Hölderlin-Jahrbuch 1965–1966, S. 73–96) und ›Hegel und Hölderlin‹ (zuerst in: Hegel im Kontext, Frankfurt/M. 1971, S. 9–40). Vgl. Anm. 16.

[4] Brief an Neuffer vom 10. Oct. 1794, zit. nach: Sämtliche Werke und Briefe, hg. v. M. Knaupp, München 1992/93 (im folgenden SWB), II, S. 550/51.

Restriktionen des Erkenntniskonzepts der ›Kritik der reinen Vernunft‹ hinauszugelangen sei, aus.

Es ist der Platon in der Tradition Heraklits, zu dem sich Hölderlin emphatisch bekennt. Die bekannte Stelle aus dem ›Hyperion‹ lautet: »Das große Wort, das εν διαφερον εαυτῳ [das Eine in sich selber Unterschiedne] des Heraklit, das [...] ist das Wesen der Schönheit, und ehe das gefunden, gabs keine Philosophie. Nun konnte man bestimmen, das Ganze war da.«[5] Der Grund ästhetischer Erfahrung ist zugleich der Beweggrund philosophischer Reflexion. In der Sprache der Dichtung gelangt er zur Darstellung, in der Philosophie zur Bestimmung und begrifflichen Entfaltung. Den Grund ästhetischer Erfahrung hat Platon mit der Zusammengehörigkeit von Anamnesis und Enthousiasmos gedacht und u.a. mit dem Mythos der Auffahrt zu einem ›überhimmlischen Ort‹ verbunden, den die Seele zugleich qua Präexistenz erinnert hat.[6] Hölderlin ergänzt dies Denken begeisterter Erinnerung im Anschluß an das ›Symposion‹ um die Innerweltlichkeit ihres Erfahrungsgegenstandes. Die »Vollendung, die wir über die Sterne hinauf entfernen, die wir hinausschieben bis ans Ende der Zeit, die hab ich gegenwärtig gefühlt. Es war da, das Höchste, in diesem Kreise der Menschennatur und der Dinge war es da. [...] Sein Nahme ist Schönheit.«[7] An der Schönheit begreifen wir, was Erinnern im Grunde bedeutet. Diese Einsicht leitet über zum zweiten Ausgangspunkt von Hölderlins theoretischen Reflexionen: zu Kant. »Kant und die Griechen sind beinahe meine einzigen Lichter«, schreibt Hölderlin im Juli 1794 an Hegel und erläutert, daß es ihm dabei um die »ästhetischen Teile der kritischen Philosophie« gehe. Es sind diese »kantisch-ästhetischen Beschäfti-

[5] Hyperion, zit. nach: Frankfurter Ausgabe, hg. v. D. E. Sattler u.a., Bd. 11, Frankfurt/M. 1982, S. 681. Vgl. Platon, Symposion, 187 a. Neben ›Symposion‹ und ›Phaidros‹ waren Hölderlin noch der ›Timaios‹, der ›Politikos‹ und der ›Phaidon‹ von Jugend an vertraut. Auch auf Heraklits ›Harmonie‹-Fragmente (B 8, 10, 51, 54) spielt er des öfteren an.

[6] Vgl. Phaidros 247 c – 253 c.

[7] Hyperion, a.a.O., S. 644.

gungen«, auf Grund derer Hölderlin Fichte die Einsicht entgegensetzt, daß sich Identität (des Selbstbewußtseins z.B.) nur aus einem nicht egologisch konstruierten ›Sein‹ erklären läßt. In unmittelbarer Reaktion auf Fichte schreibt Hölderlin an Hegel: »[E]in Bewußtsein ohne Object ist aber nicht denkbar, und wenn ich selbst dieses Object bin, so bin ich als solches notwendig beschränkt, sollte es auch nur in der Zeit seyn, also nicht absolut; also ist in dem absoluten Ich kein Bewußtsein denkbar, als absolutes Ich habe ich kein Bewußtsein.«[8] Über das Faktum, daß Bewußtsein auf Akten der Beziehung beruht, deren Bedingung und Form Zeit ist, kann man — und braucht man — nicht hinaus. Diese Einsicht Hölderlins verdankt sich seiner Rezeption von Jacobis Spinoza-Interpretation. Aus dessen »Briefen über die Lehre des Spinoza« exzerpiert Hölderlin den Gedanken des »immanenten Ensoph«: er bezeichnet den relationalen Prozeß ›Sein‹, in dem die »inwohnende Ursache immer und überall ist«. Was als Sein gedacht — und emphatisch »das Höchste« genannt — wird, ist weder ein abstrakter Grundsatz noch jenseitig zu erwarten oder bloß moralisch zu postulieren. Es erscheint vielmehr als das »Unauflösliche, Unmittelbare, Einfache« des zeitlich bestimmten Werdens. Dieses Sein ist ein Akt der Beziehung, der über seine begriffliche Bestimmung hinaus der sprachlichen (poetischen) Darstellung bedarf.

Hölderlins theoretische Überlegungen setzen mit dem Entwurf einer relationalen Bewußtseinstheorie ein. Für diese relationale Bewußtseinstheorie ist neben den genannten Quellen — Platon, Kant (und an Kant anschließend Schiller), Jacobis Spinozarezeption und Fichtes Wissenschaftslehre von 1794/95[9] — noch auf die Tradition des mittelalterlichen Denkens hinzuweisen.[10] Der an Kants Überlegungen zur Teleologie in der

[8] Brief an Hegel vom 26. Januar 1795 (SWB II, S. 569).

[9] Zu erwähnen sind noch der Einfluß Herders (vgl. den Brief an Neuffer vom Juli 1794) und der stoischen Naturphilosophie und -kosmologie.

[10] Die Rede vom »Gott in uns« zu Beginn des ›Hyperion‹ z. B. verdankt sich der christlichen Fassung des neuplatonischen »unum in nobis«-

›Kritik der Urteilskraft‹ anknüpfende und Jacobis Spinoza-Rezeption verpflichtete Gedanke einer ihren Wirkungen innewohnenden Ursache (s.o.) entstammt dieser Tradition.[11] Es ist der Grundgedanke einer als ›Schöpfung‹, d.h. als prozeßhafter Entfaltung eines kreativen Prinzips, gedachten Natur. Dieser Gedanke geht auf Augustinus zurück, auf den sich Hölderlin — auf die, wie es in doppelter Anspielung heißt, »ich weiß nicht, welch böse Zunge« und deren ideologiekritischen Blick auf die antiken Mythen und Kulte — im ›Hyperion‹ anläßlich seiner Gegenwartskritik beruft.[12] Es ist der »Afrikaner« Augustinus (so der explizite Hinweis in der Hymne ›Der Einzige‹), der in sachlicher Hinsicht (zusammen mit der von der mythischen Annahme einer Präexistenz entschränkten Anamnesislehre Platons) der Vorläufer von Hölderlins Konzept der Erinnerung ist, das nicht nur seiner relationalen Bewußtseinstheorie, sondern vor allem auch seiner Dichtung zugrundeliegt.[13] ›Mittelalterlich‹ ist schließlich die Tradition der Logos-Metaphysik, die im Grunde eine Reflexion des schöpferischen Sinnes der Sprache ist. Hölderlin hat diese schöpferische Natur der Sprache als Grund der Notwendigkeit poetischer Sprachfindung,

Gedankens. Meister Eckhart und Tauler haben ihn tradiert. Das »Eine in uns« ist der Grund im Bewußtsein.

11 Die Sphäre des Endlichen, die wir als ›Wirkung‹ (effectus) eines ›unendlichen Grundes‹ (als ihrer causa) denken, ist logisch betrachtet nichts anderes als ›gewordene Ursache‹ (causa facta). Zuerst formuliert hat diesen Gedanken Johannes Scot(t)us Eriugena (ca. 810/28 – 877) in Buch III seines Hauptwerks ›De divisione naturae (Periphyseon)‹. Ob er jener »Scotus« ist, dessen Namen Hölderlin exzerpiert hat (vgl. die Notiz »Tende Strömfeld Simonetta.«, SWB I, S. 480), sei dahingestellt.

12 Vgl. ›Hyperion‹, a.a.O., S. 755. Mit dem »ich weiß nicht« spielt Hölderlin auf das »nescio« in Buch XI der ›Confessiones‹ (vgl. XI,8,10; 14,17; 29,39) an. Zu Augustins Kritik antiker Kulte, die die ›Tugenden der Alten als glänzende Fehler‹ decouvriert, vgl. insbes. die Bücher I – VII von ›De civitate dei‹.

13 Vgl. ›Der Einzige, Schluß einer zweiten Fassung‹: »[...] und die Schrift/Des Barden oder Afrikaners« (SWB I, S. 459). Zu Augustins Analyse der Erinnerung wie seiner Analyse unserer Erfahrung von Zeit vgl.: J. Kreuzer, Pulchritudo — Vom Erkennen Gottes bei Augustin, München 1995.

d.h. als philosophische Begründung poetischer Sprache formuliert und der Reflexion zugänglich gemacht.

In diesen Band nicht aufgenommen wurden Hölderlins Schriften aus der Schul- und Universitätszeit: die ›Ansprache über den Hebräerbrief‹, die ›Geschichte der schönen Künste unter den Griechen‹, der ›Versuch einer Parallele zwischen Salomons Sprüchwörtern und Hesiods Werken und Tagen‹, die Exzerpte ›Zu Jacobis Briefen über die Lehre des Spinoza‹ und der ›Predigtentwurf zum Johannes-Evangelium‹.[14] In ihnen zeigt sich sein Denken noch wenig eigenständig. Doch bezeichnen sie die Quellen, aus denen es sich speist: die griechische und christliche Mythologie und das Interesse an einer Zusammensicht beider. Jacobis Spinoza-Rezeption schließlich wird zum Anstoß jener Denkform, die Hölderlin sowohl über die Dichotomien Kants wie über Fichtes Subjekt- und Schellings Identitätsphilosophie hat hinausgehen lassen.

II

a) Ausgangspunkt von Hölderlins theoretischer Reflexion ist Kant. Das wird an den beiden Fragmenten ›Es giebt einen Naturzustand ...‹ und ›Über den Begriff der Straffe‹ deutlich. Ihre Argumentation bewegt sich im Rahmen der Dichotomie von Natur und Freiheit. Der regellosen Empirie ›Natur‹ wird als »Gesez der Freiheit« eine apriorische Gesetzgebung durch den Verstand entgegengesetzt. Moralität wird der Natur nicht nur entgegengesetzt — sie setzt vielmehr deren Widerstand voraus. Das ist der moralphilosophische Anti-Naturalismus eines orthodoxen Kantianers. Zugleich aber versucht Hölderlin mit dem dieser Position gegenüber systemwidrigen Begriff einer »Moralität des Instinkts« diesen Anti-Naturalismus — der der Natur Freiheit und der Freiheit Natürlichkeit abspricht — zu relativieren. Er versucht — von der Sache her im Anschluß an Kants ›Kritik der Urteilskraft‹ —, zwischen

[14] Vgl. die im Hinweis ›Zur Editon‹ (S. LV) genannten Ausgaben.

der Rezeptivität, die wir als Natur denken, und der Spontaneität der Freiheit eine Verbindung zu finden. Er spitzt die Aporien der Moralität des Bewußtseins zu und läßt deutlich werden, daß weder das moralische Bewußtsein noch Bewußtsein überhaupt in reiner Selbstbezüglichkeit gedacht und expliziert werden können. Dessen Widersprüche werden zu Aporien, sofern nicht erkannt wird, daß die Tätigkeit des Bewußtseins selbst eine notwendige Voraussetzung hat, die genau in den Akten dieser Tätigkeit — und in den Entgegensetzungen, in die sie führt — sich zeigt. ›Bewußtsein‹ ist Moment einer Beziehungsstruktur: es konstituiert seine Gegenstände innerhalb dieser Beziehung. Identität ist ein relationaler (und prozessualer) Zusammenhang, der Entgegensetzung nicht tilgt, sondern auf ihr beruht. Diese Entgegensetzung — formal betrachtet die zwischen ›Subjekt und Objekt‹ — hat den Gedanken einer »Einheit« zur notwendigen Voraussetzung.

In dem Fragment über ›Seyn, Urtheil, ... ‹ und die Modalitäten nennt Hölderlin jene gedachte Einheit »Seyn schlechthin«. Er entdeckt, daß Entgegensetzung die Erscheinung jener Einheit ist, die als Grund des Geurteilten gedacht wird. Dies erfolgt in der Gestalt dreier thesenhafter Notate, die Hölderlin auf dem herausgerissenen Vorsatzblatt eines gebundenen Buches formuliert hat — und die 1961 zum ersten Mal unter dem Titel »Urtheil und Seyn« veröffentlicht wurden.[15] Der Grundgedanke dieses zwei Seiten umfassenden Fragments hat schnell Epoche gemacht.[16] Hölderlins Reflexion über das »Seyn«, das nicht mit

15 Hölderlins Notate dürften in unmittelbarer Reaktion auf das Erscheinen von Fichtes ›Grundlage der gesammten Wissenschaftslehre (1794)‹ — »Fichtes spekulative Blätter — Grundlage der gesammten Wissenschaftlehre — auch seine gedrukten Vorlesungen über die Bestimmung des Gelehrten werden Dich ser interessiren«, schreibt Hölderlin im Januar 1795 an Hegel (vgl. SWB II, S. 568) — und Schellings Schrift ›Vom Ich als Princip der Philosophie‹ enstanden sein.

16 Die Bedeutung von ›Urtheil und Seyn‹ hat D. Henrich zunächst in ›Hölderlin über Urteil und Sein‹ und in ›Hegel und Hölderlin‹ (vgl. Anm. 3) hervorgehoben und die Überlegungen zu dem aus diesem Fragment sich ergebenden Denkraum zusammengefaßt in: Konstellationen. Probleme und

der Identität verwechselt werden darf, sowie seine etymologische Deutung der Urteile des Selbstbewußtseins als »Urtheilung«, bilden ein Cento skeptischer Formulierungen seiner Zeitgenossen gegenüber einer sich als Wissenschaft verstehenden Philosophie aus Grundsätzen.[17] Die Skizze des wechselseitigen Zusammenhangs von ›Urteil und Sein‹ richtet sich gleichermaßen gegen den egologischen Cartesianismus Fichtes wie gegen das Identitätsdenken des frühen Schelling. Selbstbewußtsein ist kein selbstsuffizientes Prinzip. Es bedeutet eine relationale Struktur der Entgegensetzung, als deren »nothwendige Voraussezung« ein dieser Relation vorgängiges »Seyn« immer schon gedacht wird. Der entscheidende Satz lautet: »Im Begriffe der Theilung liegt schon der Begriff der nothwendigen Beziehung des Subjects und Objects aufeinander, und die nothwendige Voraussezung eines Ganzen wovon Subject und Object die Theile sind.« (S. 7) Aus der Notwendigkeit dieser Voraussetzung folgt nun aber gerade nicht, daß die Sphäre der Entgegensetzung auf jene gedachte Einheit zurückzuführen oder in deren Wiedervereinigung zurückzunehmen wäre. Die Einigkeit, die als Sein gedacht wird, und die Entgegensetzung der Sphäre der ›Urteile‹ schließen sich nicht aus. Die Entgegensetzung der Urteile ist gerade Erscheinung einer Beziehung, als deren Grund jenes Sein gedacht wird. Das ›Ganze vor‹ der bewußtseinstheoretischen Relation von Subjekt und Objekt ist als »Seyn schlechthin« keine positive Behauptung (dies käme einem Rückfall in einen vorkritischen Dogmatismus gleich). Schon die Rede über das in diesem Sein »innigst vereinigte Subject und Object« teilt (oder urteilt es). Dieser unabdingbaren (Ur)Teilung gegenüber werden als »schlechthin vereinigt« Sub-

Debatten am Ursprung der idealistischen Philosophie (1789–1795), Stuttgart 1991 und in: Der Grund im Bewußtsein. Hölderlins Denken in Jena 1794–1795, Stuttgart 1992. — Zu ›Seyn, Urtheil, ...‹ als »Grundriß« von Hölderlins Philosophie, vgl. auch M. Franz, Hölderlins Logik, in: Hölderlin-Jahrbuch 1986–1987.

[17] Vgl. M. Frank, Hölderlins philosophische Grundlagen, in: G. Kurz, V. Lawitschka, J. Wertheimer (Hg.), Hölderlin und die Moderne, Tübingen 1995, S. 186.

jekt und Objekt in einer »intellectualen Anschauung« gedacht. Die »intellectuale Anschauung« ist eine notwendige Voraussetzung, die wir in der Reflexion über die Struktur des Selbstbewußtseins machen, um die Entgegensetzungen zu erklären, die wir als Selbstbewußtsein bzw. in ihm vorfinden. Sie ist nichts positiv Gegebenes oder theoretisch Bestimmbares. In diesem Punkt hält sich Hölderlin an die Vorgaben Kants. Was als intellektuelle Anschauung gedacht wird, ist die Wirklichkeit ästhetischer Erfahrung. Es gibt keinen Gegenstand intellektueller Anschauung.[18] Was es gibt, sind die Gegenstände theoretischer oder praktischer Urteilung — und damit Entgegensetzung als Struktur des Selbstbewußtseins, die wir durch die *negative Präsenz,* des »Seyns schlechthin« begreifen. Das mit ihm Bezeichnete wird erfahren, weil es *sich in den Urteilen* über die Gegenstände der Wahrnehmung und Anschauung *mitteilt.* Das läßt diese ihrer Modalität nach zu differenzierenden Urteile der Entgegensetzung gleichsam als Palimpseste jener Vereinigung verständlich werden, die nicht zu restituieren, sondern in den Urteilen der Sprache negativ präsent ist.

b) Selbstbewußtsein bedeutet nichtaufzulösende Entgegensetzung. Die Identität des Selbstbewußtseins ist auf die Beziehung Entgegengesetzter angewiesen. Diesen formalen Grundgedanken einer relationalen Bewußtseinstheorie beginnt Hölderlin mit dem ›Fragment philosophischer Briefe‹ zu konkretisieren. »Weder aus sich selbst allein, noch einzig aus den Gegenständen, die ihn umgeben, kann der Mensch erfahren, daß mehr als Maschinengang, daß ein Geist, ein Gott, ist in der Welt« (S. 10). Die Erklärung der Bedingungen der Möglichkeit, wie

[18] Der Grenzbegriff der »intellectualen Anschauung« — Hölderlin hält sich meist an die lateinische Vorgabe 'intuitus intellectualis' — ist theoretisch ein »Noumenon in negativer Bedeutung« (vgl. Kant, Kritik der reinen Vernunft, B 308; vgl. auch B 72, 334 und Kritik der Urteilskraft, B 352). An Schiller schreibt Hölderlin, daß »die Vereinigung des Subjects und Objects [...] zwar ästhetisch, in der intellectualen Anschauung, theoretisch aber nur durch eine unendliche Annäherung möglich ist [...]«. (Brief vom 4. Sept. 1795, SWB II, S. 595)

der Mensch »in einer lebendigeren, über die Nothdurft erhabnen Beziehung« zu stehen vermag, bereitet jenen entscheidenden Schritt über die Grenzlinie Kants vor, den Schiller in »Anmuth und Würde« und in den »Briefen über die ästhetische Erziehung« ›nicht gewagt‹ hat. Hölderlins Intention in seinen »philosophischen Briefen« war es, die ethische Bedeutung des ästhetischen Sinns zu begründen und daraus die Konsequenzen für das Verhältnis zwischen Philosophie, Religion und Poesie zu ziehen. »In den philosophischen Briefen will ich das Prinzip finden, das mir die Trennungen, in denen wir denken und existieren, erklärt, das aber auch vermögend ist, den Widerstreit verschwinden zu machen, den Widerstreit zwischen dem Subject und dem Object, zwischen unserem Selbst und der Welt [...] —, theoretisch, in intellectualer Anschauung, ohne daß unsere praktische Vernunft zu Hilfe kommen müßte. Wir bedürfen dafür ästhetischen Sinn, und ich werde meine philosophischen Briefe »Neue Briefe über die ästhetische Erziehung des Menschen« nennen. Auch werde ich darin von der Philosophie auf Poesie und Religion kommen.«[19] Der ästhetische Sinn erweist sich als der Sinn für die Erfahrbarkeit desjenigen, was sich ethisch nur postulieren läßt und als Aufgabe der praktischen Vernunft ein bloßer Denkgegenstand ist. Dabei wandelt sich zugleich der Status des Freiheitsbegriffs. Weder in den Postulaten praktischer Vernunft noch in theoretischer Selbstbeziehung besteht Freiheit. Sie bedarf einer eigenen Wirklichkeit, die sich in den Akten gelingender Verständigung zeigt. Was man als Einheit von Ethik und Ästhetik bezeichnen könnte,

[19] Brief an Niethammer vom 24. 2. 1796. — Die wohl einer gesprächsstrategischen Rücksichtnahme halber erwogene »intellectuale Anschauung« taucht im »Fragment« der »philosophischen Briefe« an keiner Stelle auf (vgl. auch Anm. 18). Vielleicht war es der Dissens in Sachen ›intellektueller Anschauung‹, der Hölderlin im gleichen Brief schreiben läßt, daß er und Schelling »nicht immer accordirend miteinander« sprachen. Schelling hat sich über Kants Grenzziehung hinweggesetzt (vgl. § 8 von ›Vom Ich als Prinzip der Philosophie‹) und aus dem »Noumenon im negativen Verstande« eines in positiver Bedeutung gemacht. Zum Echo des Dissenses zwischen Hölderlin und Schelling vgl. auch die Notiz ›Die Weisen aber ...‹.

wird gleichsam programmatisch formuliert. Es ist »Bedürfniß der Menschen, [...] sich einander zuzugesellen, und so der Beschränktheit, die jede einzelne Vorstellungsart hat und haben muß, ihre Freiheit zu geben, indem sie in einem harmonischen Ganzen von Vorstellungsarten [bzw. von Lebensweisen] begriffen ist«. (S. 11) Die Akte gelingender Verständigung bedeuten dem bloßen Postulat der Freiheit gegenüber eine Erhebung über die »physische und moralische [sic!] Nothdurft« (S. 11). Dieses »höhere Geschik« unterliegt der Bedingung der Zeit. Es geht in ihr vorüber. Die Frage, wie sich eine Wirklichkeit der Freiheit für uns erhält, wird zu der Frage danach, warum wir uns »eine Idee oder ein Bild machen müssen, von ihrem Geschik, das sich genau betrachtet weder recht denken ließe noch auch vor den Sinnen liege« (S. 11). Hölderlin beantwortet sie mit der Einsicht, »daß der Mensch auch in so fern sich über die Noth erhebt, als er sich seines Geschiks erinnern, als er für sein Leben dankbar seyn kann und mag« (S. 11). Das ist das Fundament für den entscheidenden Schritt sowohl über die Kantische Grenzlinie wie über den Cartesianismus Fichtes — die »Luftgeister, mit den metaphysischen Flügeln«, wie Hölderlin am 20.11.1796 an Hegel schreibt — hinaus. An die Stelle des absolut gesetzten Ich tritt die Einsicht in Erinnerung und Dank als Weisen praktisch(-ästhetisch)en Verhaltens innerhalb der Grenzen unserer Erfahrung. ›Dank‹ ist ein Selbstverhältnis von Natur, das Freiheit bedeutet und transitorisch verwirklicht. In ihm reproduziert sich jene »unendlichere Befriedigung«, die »weder blos in Gedanken, noch blos im Gedächtniß wiederhohlt werden [kann]«. (S. 12) Die Wiederholung, die der Dank der Erinnerung bedeutet, unterscheidet sich vom Gedächtnis, in dem, um der Konservierung der ›Gedanken‹ als apriorischer Verstandesbegriffe willen, von der konkreten Erfahrung (Lebensweise) abstrahiert wird. »Jene unendlicheren mehr als nothwendigen Beziehungen des Lebens können zwar auch gedacht, aber nur nicht blos gedacht werden; der Gedanke erschöpft sie nicht«. (S. 12/13) Das Selbstverhältnis des Lebens, das Geschichte bedeutet, ist mehr als nur ein Objekt theoretischer Erkenntnis oder moralischer Postulate. Die Erhebung über die

›physische und moralische Notdurft‹ muß aus dem »Geiste [...], der in jener Sphäre herrsch[t], in der jene Verhältnisse stattfinden« (S. 14), begriffen werden. Das ist der Sinn der religiösen Formen, in denen Geschichte ›geistig wiederholt‹ wird. Das religiöse Vorstellen transformiert die Fakten der Geschichte zu erzählter Geschichte. Dies zu begreifen, motiviert zu jener »höheren Aufklärung«, in der die Beziehungen der Menschen »intellectuell-historisch«, d.h. geschichtlich-konkret, gedeutet werden. Hölderlin nennt sie »Mythe«.[20] Seiner Form nach ist diese Transformation eine Translation von Geschichte in Sprache. »So wäre alle Religion ihrem Wesen nach poëtisch.« (S. 15) Der ästhetische Sinn ist der für das Gelingen geschichtlicher Selbstverständigung in der Sprache, d.h. für die poetische Sinnschöpfung durch Sprache.

Die folgenden »Aphorismen« Hölderlins stellen gleichsam einen Nachhall der persönlichen Gespräche (mit Hegel und Sinclair vor allem) im Frankfurt-Homburger ›Philosophenbund‹ dar. Sie kreisen um die Differenz *und Affinität* zwischen dem Anspruch der Dichtung und der Systematik philosophischer Reflexion.[21] Von der logisch demonstrierenden Art der Darstellung, deren Stil die philosophische Hypotaxe ist, unterscheidet Hölderlin das sich der Inversionen bedienende Verfahren der Poesie. Deren parataktischer Stil ist nicht a-logisch. A-logisch wäre eine von der Nüchternheit und Besinnung des Gedankens — oder des Verstandes, den Hölderlin seiner produktiven Seite nach mit einem schönen Wort als »durch und durch organi-

[20] Der Ausdruck »Mythe« verdankt sich den Göttinger Altphilologen Chr. G. Heyne (1729–1812) und (dessen Schüler) J.G. Eichhorn (1752–1827), die die Mythen nicht als Fiktionen, sondern — ähnlich wie der von Hamann, Herder und Goethe rezipierte G. Vico (1668–1744) in seiner Schrift über die ›Prinzipien einer neuen Wissenschaft über die gemeinschaftliche Natur der Völker‹ — als zu deutende ›wahre Erzählungen‹ begriffen. Später spricht Hölderlin statt von Mythe von Fabel (vgl. ›Von der Fabel der Alten‹).

[21] Sie enthalten freilich auch den degoutanten Vergleich von »Beruf und Wonne des Dichters« mit der »Begeisterung und Besonnenheit des Feldherrn, der mitten in der Schlacht steht« (vgl. S. 17).

sirtes Gefühl« bezeichnet — verlassene »Begeisterung«. »Da wo die Nüchternheit dich verläßt, ist die Gränze deiner Begeisterung.« (S. 17) Die zur Sprache drängende Begeisterung, die Hölderlin im Anschluß an Platons »Phaidros« und »Symposion« für das poetische Tun reklamiert, ist die »nüchterne Trunkenheit«, die »νηφάλιος μέθη« bzw. »sobria ebrietas«.[22] Den Fehler, »in die Höhe zu fallen«, verhindert die »Schwerkraft, die im nüchternen Besinnen« liegt (vgl. S. 17). Das unterscheidet Hölderlins Verständnis von Dichtung von einer Religion der Kunst bzw. einer ästhetischen Rechtfertigung der Welt und verbindet es mit dem hellen Bewußtsein philosophischer Reflexion. Gerade in Rücksicht auf die ›physische und moralische Notdurft‹ realer Geschichte reproduziert die Sphäre der Dichtung eine ästhetische Verhaltensweise zu den ›Taten der Welt‹. Die Erfahrung des Schönen bedeutet keine Versöhnung jenseits des Streits. Sie enthält Entgegensetzung — oder betonter gesprochen: Zerrissenheit — in sich. Sie bildet sich durch diese Zerrissenheit. »Deswegen sollte alles Erkennen vom Studium des Schönen anfangen — denn der hat viel gewonnen, der das Leben verstehen kann, ohne zu trauern«. (S. 19) Hier artikuliert sich eine Denkweise, in der konkrete Geschichte nicht als bloßes Beispiel eines theoretisch zu konstruierenden Modells gedacht wird. Sie bedeutet dem Menschen (auch) »das tiefe Gefühl der Sterblichkeit, des Veränderns, seiner zeitlichen Beschränkungen« (S. 19). Diese neue Sichtweise geschichtlichen Daseins wird Hölderlins Poetologie und ihren geschichtsphilosophischen wie lebenspraktischen Anspruch mit dem Ende des Empedokles-Projekts grundlegend verändern. Wenn dem Leben in der Zeit, das Geschichte ist, Unumkehrbarkeit eignet, dann kommt es darauf an, daß sich die Erfahrung des Lebendigen in bestimmter Gestalt erhält. Dies wird zum (nicht zuletzt ethischen) Anspruch »freier Kunstnachahmung« (vgl. S. 34).

22 Diese Formulierung geht über Augustin (Confessiones V,13,23) auf Philon v. Alexandrien zurück (in der Schrift über die ›Freiheit des Weisen‹, § 12).

c) Noch vor Beendigung des ›Hyperion‹ beginnt Hölderlin mit der Arbeit am Trauerspiel ›Der Tod des Empedokles‹. Die Arbeit an diesem Projekt dauert bis Ende 1799. Sie wird begleitet von theoretischen Überlegungen zu Trauerspiel und Tragödie (›Die tragische Ode ... (Grund zum Empedokles)‹, vgl. ›Texte zur Theorie der Tragödie‹, S. 79-92). Daneben beschäftigt Hölderlin der Plan für ein »Journal«: eine poetische Monatsschrift, die er herausgeben (und damit seine materielle Existenz sichern) wollte. Auch dieses Projekt gibt er mit der Jahrhundertwende 1799/1800 auf.

Für das Projekt der poetischen Monatsschrift »Iduna« hat Hölderlin Aufsätze geschrieben.[23] Zu diesen Fragmenten gehören ›Der Gesichtspunct aus dem wir das Altertum anzusehen haben‹, die ›Entwürfe zu Briefen über Homer‹ (Mich freut es ... (Über Achill 1), Am meisten aber ... (Über Achill 2), Ein Wort über die Iliade) und die Studie ›Über die verschiedenen Arten, zu dichten‹. In ihnen befleißigt sich Hölderlin einer exoterischen Diktion. Gleichwohl enthalten diese Texte mehr als nur Versatzstücke einer Popularphilosophie bzw. -poetologie. Im ›Gesichtspunct ...‹ appliziert Hölderlin den Grundgedanken, daß die Einheit eines Grundes gerade in Entgegensetzungen erscheint, auf die Betrachtung der Kunstformen, in denen Geschichte ihren Ausdruck findet. In den Fragmenten der Studien zu Homer gibt Hölderlin Proben jener ›höheren Aufklärung‹, die mit der Frage, ob »der Bildungstrieb mit Bewußtseyn« wirkt (oder nicht), nach der Selbstreflexion des geschichtlichen Sinns, der sich in Kunst artikuliert, fragt. Zugleich taucht die

[23] »Ich habe im Sinne, eine poëtische Monatsschrift herauszugeben. [...] Die ersten Stüke werden von mir enthalten ein Trauerspiel, den Tod des Empedokles [...]. Die übrigen Aufsäze werden enthalten 1) karakteristische Züge aus dem Leben alter und neuer Dichter [...], den eigentümlichen Kunstkarakter eines jeden. [...] 2) Darstellung des Eigentümlichschönen ihrer Werke, oder einzelner Parthien aus diesen. [...] 3) Räsonnirende populärdargestellte Aufsäze über Deklamation, Sprache, über das Wesen, und die verschiedenen Arten der Dichtkunst, endlich über das Schöne überhaupt.« (Brief an Neuffer vom 4. Juni 1799, SWB II, S. 764/65)

für seine Poetologie wichtige Differenzierung zwischen dem ›naiven, heroischen und idealischen‹ Ton als möglichen Weisen poetischer Artikulation auf. Hölderlin privilegiert keine bestimmte (epische oder tragische oder lyrische) Gattung. Das ist für die Affinität zwischen Poesie und Philosophie bedeutsam. Als poetische Sprache konzipiert er etwas, was den epischen oder tragischen oder lyrischen Ton als der begrifflichen Bestimmung analoge Verarbeitungs- und Ausdrucksmodi geschichtlicher Erfahrung wiedergibt. Diese drei Töne sind gleichsam die drei Stellungen der poetischen Sprache zur Objektivität. Die Sprache der Dichtung hat damit den gleichen systematischen Anspruch wie die Logik philosophischer Reflexion. Es ist der einer durchgängigen Beziehung. Nur bringt ein Produkt der Dichtung diesen systematischen Anspruch zur Sprache, ohne die durchgängige Beziehung als System zu formulieren. ›Durchgängige Beziehung‹ ist in poetischer Sprache eine innere bzw. intensive Bestimmung, keine extensive. Die poetische Reflexion bedient sich nicht der Sprache, sondern verwirklicht sich in (den Tönen und der sinnlichen Gestalt) der Sprache.

Gegen Ende von Hölderlins erstem Aufenthalt in Bad Homburg bereitet sich die entscheidende Peripetie in seinem Werk vor. Dieser Umbruch ist mit einer tiefgreifenden Enttäuschung verbunden, die die geschichtsphilosophischen Sicherheiten und Gewißheiten, von denen die Arbeit am ›Tod des Empedokles‹ getragen war, zu Grunde hat gehen lassen.[24] Das Fragment, das

24 Als Reaktion darauf, daß »Buonaparte eine Art von Dictator geworden ist« (vgl. Brief an die Mutter vom 16. Nov. 1799), schreibt Hölderlin im November 1799 an Ebel: »Manche Erfahrungen [...] haben mein Zutrauen zu allem, was mir sonst vorzüglich Freude und Hoffnung gab, [...] so ziemlich erschüttert. [...] Ihr Urtheil über Paris ist mir sehr nahe gegangen. [...] Ich begreife wohl, [...], daß auch die grösten ihre Größe nicht allein ihrer eigenen Natur, sondern auch der glüklichen Stelle danken, in der sie thätig und lebendig mit der Zeit sich in Beziehung setzen konnten, aber ich begreife nicht, wie manche große reine Formen im Einzelnen und Ganzen so wenig heilen und helfen, und diß ists vorzüglich, was mich oft so stille und demüthig vor der allmächtigen alles beherrschenden Noth macht. Ist diese einmal entschieden und durchgängig wirksamer, als die Wirksam-

mit den Worten »Das untergehende Vaterland, Natur und Menschen, insofern sie in einer besondern Wechselwirkung stehen« (vgl. S. 33) beginnt, dokumentiert diesen Umbruch.[25] Es steht am Ende der Arbeit am Projekt des Empedokles-Trauerspiels. Dessen Zentrum bildet in theoretischer Hinsicht der Begriff »Übermaas der Innigkeit« (vgl. S. 79, 85). Diese »tiefste« bzw. »höchste Innigkeit« (vgl. S. 80, 90) wird konzeptionell in Analogie zu Gehalt und Struktur der »intellectualen Anschauung« gedacht.[26] An die Stelle dieser Konzeption setzt Hölderlin die Frage, wie sich die Wirklichkeit geschichtlicher Veränderung zeigt (und bestimmen läßt) und welche Bedeutung dabei der Erinnerung zukommt. Von der Sache her greift er auf eine im ›Fragment philosophischer Briefe‹ erreichte Einsicht zurück. Der »Dank« des Erinnerns verbindet zwischen Vergangenem und Gegenwärtigem. Das wird nun im Hinblick auf das Denken geschichtlicher Veränderung radikalisiert und um die Erfahrung des Tragischen – des Bruchs und der »Lüke und des Kontrasts« im Übergang, d.h. »des Streites des Todes selbst« (vgl. S. 34) – erweitert. Die Verbindung, die die Erinnerung stiftet, ist ein notwendiger Akt in der Erfahrung geschichtlichen Übergangs. Von dieser geschichtsphilosophischen Bedeutung der Erinnerung ist im Empedokles-Projekt nicht die Rede. In ›Das untergehende Vaterland ...‹ wird die Vorstellung eines zyklischen Wechselverhältnisses von »Natur und Kunst«

keit reiner selbstständiger Menschen, dann muß es tragisch und tödtlich enden, mit Mehreren oder Einzelnen, die darinnen leben. Glüklich sind wir dann, wenn uns noch eine andere Hofnung bleibt! Wie finden Sie denn die neue Generation, in der Welt, die Sie umgiebt?« (SWB II, S. 845–847)

[25] ›Das untergehende Vaterland ...‹ dürfte im Zusammenhang der Pläne zu ›Privatvorlesungen‹ in Stuttgart entstanden sein, von denen Hölderlin am 29. Januar 1800 seiner Mutter schreibt. Zu diesem Fragment vgl. J. Kreuzer, Erinnerung. Zum Zusammenhang von Hölderlins theoretischen Fragmenten ›Das untergehende Vaterland ...‹ und ›Wenn der Dichter einmal des Geistes mächtig ist ...‹, Königstein/Ts. 1985.

[26] »Das tragische Gedicht [...] ist [...] die Metapher einer intellectuellen Anschauung. [...] [A]llen Werken dieser Art muß Eine intellectuale Anschauung zum Grunde liegen« (Das lyrische dem Schein nach ..., S. 68/70).

ersetzt durch die Frage, wie geschichtliche Veränderung als Übergang zu denken ist. In diesem Zusammenhang spricht Hölderlin von »freier Kunstnachahmung«. Was ›ahmt Kunst nach‹ und inwiefern ist sie darin ›frei‹?

Die Reflexion der geschichtsphilosophischen Bedeutung der Erinnerung begründet den Anspruch und die Notwendigkeit freier Kunstnachahmung. Die Erinnerung erklärt, welcher Erfahrungsgehalt freier Kunstnachahmung entspricht und ihre Notwendigkeit begründet — und durch die Erinnerung erklärt sich die Differenz zwischen »freier Kunstnachahmung« und dem Prozeß realer geschichtlicher Veränderung. Der entscheidende Satz lautet: »Im Zustande zwischen Seyn und Nichtseyn wird aber überall das Mögliche real, und das wirkliche ideal, und diß ist in der freien Kunstnachahmung ein furchtbarer aber göttlicher Traum.« (S. 34) Was geschieht in den Momenten des Übergangs? Was ist ›zwischen‹ den zwei Formen von Realität, was ist ›inmitten‹ der Realität der schöpferische Grund, der jede besondere Wechselwirkung als Begrenzung erfahren läßt? Hölderlin nennt ihn »die Welt aller Welten, das Alles in Allen, welches immer ist und aus dessen Seyn alles angesehen werden muß« (S. 33). Damit formuliert er den Grundgedanken von ›Seyn, Urtheil, ...‹ geschichtsphilosophisch. Dem »Alles in Allen« der »Welt aller Welten« eignet *negative Präsenz.* Es ist erinnert als das, was die jeweilige geschichtliche Realität als Beschränkung erfahren läßt. Es hat keine Realität wie das, was geschichtlich besteht. Seine Wirklichkeit besteht in den Momenten der Auflösung geschichtlicher Realität und der Beschränkungen, die diese bedeutet. Es stellt sich »im Untergange oder im Moment, oder genetischer im werden des Moments und Anfang von Zeit und Welt dar«. (S. 33) Reines Übergehen ist ein Zustand zwischen Sein und Nichtsein: das ›Alte‹ hat keine Realität mehr und das ›Neue‹ hat die Form der Realität noch nicht. Im Moment reiner Übergängigkeit scheint nur die Auflösung zu bestehen. Die Übergängigkeit reiner Auflösung aber ist »reales Nichts«: ein Nichts an Realität. Das Vergangene ist nicht mehr, es ist nur noch als Vergangenes: es läßt sich nur noch erinnern. Das Zukünftige ist ebenfalls nicht. Es ist weder mehr eine von der Gegenwart abgelöste Möglichkeit noch schon Realität geworden. Es ist wirklich, aber es ›ist‹ noch nicht. Es beginnt als das, was noch nicht gewesen ist, zu wirken. Was aber ›ist‹ in einem solchen Zustand? Offenbar nur das, was notwendigerweise vorübergeht und im Übergang begriffen ist, nur das Gegenwärtige selbst: die Gegenwärtigkeit dessen, was nicht mehr, was nur noch als Vergangenes ist — die Gegenwärtigkeit dessen, was noch ist, aber als dieses wirklich, nicht mehr nur abstrakte Zukunft ist — und der Augenblick des Ineineinanderübergehens dieser Formen, die wir sonst anhand der Modalkategorien und der Dimensionen der Zeit auseinanderhalten.[27]

Es ist nicht ›Nichts‹. Es ist nur ein Nichts an Realität. Der Zustand zwischen Sein und Nichtsein, in dem »das sich Auflösende im Nothwendigen begriffen ist« (vgl. S. 34), ist nicht jenseits dessen, was wir als Realität urteilend bilden. Die »Welt aller Welten« ist kein Gegenstand eschatologischer Erwartungen. Sie »stellt sich in aller Zeit« dar. Sie ist »Unendlichkeit« inmitten des Vorübergehens der »endlichen Wirkungen«, die in der Zeit erscheinen (vgl. S. 33). In diesen endlichen Wirkungen besteht ihre Wirklichkeit — und sie ›besteht‹ darin, daß eine jede endliche Wirkung als Realität sich auflöst. Die Erfahrung reiner Übergängigkeit ist die Erfahrung von Zeit selbst.[28] Im Hinblick auf diesen realitätslosen Grund aller Realität gewinnt die Erinnerung ihre — geschichtsphilosophische und poetologische — Bedeutung. Die Ordnung der Dimensionen der Zeit, in der wir von Vergangenem über Gegenwärtiges auf Zukünftiges schließen und Möglichkeit, Wirklichkeit und Notwendigkeit voneinander trennen, ist eine Schematisierung.[29]

[27] Zur Logik der Zeitdimensionen, mit denen wir das sukzessive Vorübergehen des Veränderlichen ordnen, vgl. I. Kant, Kritik der reinen Vernunft, System der Grundsätze des reinen Verstandes, insbes. ›Erste und Zweite Analogie der Erfahrung‹ (B 218–256).

[28] Zur Frage nach der Zeit, die in Hölderlins geschichtsphilosophischer Bestimmung übergängigen Werdens implizit enthalten ist, vgl. Buch XI von Augustins ›Confessiones‹. Dazu vgl. J. Kreuzer, Pulchritudo, a.a.O., S. 148–223.

[29] Vgl. I. Kant, Kritik der reinen Vernunft, Von dem Schematismus der reinen Verstandesbegriffe (B 176ff.).

Die jeweils ursprüngliche Erfahrung von Zeit aber ist die reiner Übergängigkeit, die des Zustandes zwischen Sein und Nichtsein. Er bedarf der Erinnerung. Wir erinnern, daß das Überschreiten jeder Form von Realität, das reale Nichts, selbst zu überschreiten ist. In den Augenblicken der Erinnerung werden uns die selbst realitätslosen Bedingungen der Konstitution von Realität bewußt. Hölderlin spricht von der »Nothwendigkeit eines Objects im vollendetsten Zustande« (S. 35). Die Erinnerung des Auflösungsgeschehens ist ein »reproductiver Act«, durch den die Notwendigkeit bewußt wird, den »Zustand zwischen Seyn und Nichtseyn« in der Herstellung einer neuen, wieder besonderen Gestalt von Realität, zu überschreiten. Aber: Im Bewußtsein der Notwendigkeit der Herstellung einer neuen Realität und dem »nächste[n] Schritt, der dem Vergangenen folgen soll« (S. 35), ist der reproduktive Akt der Erinnerung zwar wirklich (im Sinne von wirkend), wird aber nicht (selbst) verwirklicht. Deshalb bedarf auch das, was sich dazwischen, was sich diesseits der Herstellung von Realität vollzieht, einer Objektivation. Diese Wirklichkeit (durch die »als Unendlichkeit die endliche Wirkung hervorgeht«, S. 33) ist ein Erinnerungsgeschehen, in dessen dichtester Form »das Leben alle seine Puncte durchläuft« (vgl. S. 35). Dieses Erinnerungsgeschen ist der Erfahrungsgehalt, der als »furchtbare[r] aber göttliche[r] Traum freier Kunstnachahmung« zugrundeliegt. Er ist »göttlich«: die Vergegenwärtigung desjenigen, was sonst als Unendliches von der Realität des Bestehenden abgetrennt scheint. In seiner Unmittelbarkeit ist der Zustand zwischen Sein und Nichtsein aber auch »furchtbar«: Reine Übergängigkeit bedeutet, daß in den Augenblicken ihrer Erfahrung nichts Reales mehr und noch nichts Reales besteht. Würde das Moment reinen Übergangs nicht selbst überschritten, so hätte der Prozeß geschichtlicher Veränderung im Abgrund eines »Unbegreifbaren und Unseeligen der Auflösung« aufgehört anzuhalten. Der reproduktive Akt der Erinnerung enthält die Erinnerung, daß ein solches reales Nichts — das Nichts an Realität — überschritten worden ist und sich übersetzt hat in die ›Herstellung eines neuen Zustands‹. Die Augenblicke der Empfindung und Erfahrung der unbeschränkten »Möglichkeit aller Beziehungen« müssen sich, sollen sie sich nicht in den Abgrund des ›realen Nichts‹ auslöschen, besondern — sei es zu einer neuen Realität, sei es, daß jene Empfindung und Erfahrung selbst eine Entsprechung findet. Die Augenblicke wirklicher Veränderung sind die, die uns aus der Auflösung des lebendig Bestehenden zur Notwendigkeit (und Endlichkeit) lebendigen Bestehens zurückkommen lassen.

Was die Augenblicke von Veränderung bedeuten, kann selbst zu keinem Gewordenen werden — sonst müßte das, was Werden ist, aufgehört haben, wirklich zu sein. ›Werden‹ ist die Wirklichkeit des Übergangs, der für Hölderlin »transcendental«, d.h. Bedingung der Möglichkeit des ›Seins‹ geschichtlicher Realität ist. Es ist die Erinnerung, die das Transzendentale des Übergangs mit dem »Isolirten« der Momente geschichtlicher und bewußtseinstheoretischer Realität, die die »Materie des Übergangs« bildet, verknüpft (vgl. S. 37). Diesen (re)produktiven Akt der Erinnerung, der Werden als Bedingung der Möglichkeit mit dem Gewordenen und qua Erkenntnis als Sein Bestimmbaren verbindet, ahmt Kunst nach — in »idealischer Auflösung«, nicht in realer. Nur in ihr wird erfahrbar, was Erinnerung wirklich ist. Idealische Auflösung heißt zu erinnern, daß das »Alles in Allen« inmitten der Zeit geschieht, daß es sich in aller Zeit als das Gegenwärtige darstellt, im Untergang von Realität jeweils jetzt im Werden, daß es sich diesseits dessen darstellt, was wir als Realität hervorzubringen genötigt sind. In freier Kunstnachahmung erhalten die sich selbst überschreitenden Augenblicke der Erinnerung eine Dauer und eine Gestalt. Sie bedürfen dieser Gestalt und Reproduktion. Der »Traum« des Zustandes zwischen Sein und Nichtsein bedarf der Übersetzung in Sprache. In der Sprache entsinnen wir uns des reproduktiven Akts der Erinnerung. Deshalb ist — gelingt dieses Übersetzen — »die Sprache [...] Ausdruk Zeichen Darstellung eines lebendigen aber besondern Ganzen, welches eben wieder in seinen Wirkungen dazu wird.« (S. 33) Dieses lebendige, aber besondere Ganze bedarf nicht nur der »endlichen Wirkungen« in der Sphäre von Geschichte, sondern auch in der Sprache.

Was geschichtlich die »tragische Vereinigung« des Übergangs heißt, ist der Grund, aus dem Sprache hervorgeht.

Jeder Satz der Sprache freier Kunstnachahmung ist ein Satz über den Abgrund des Sprachverlustes der Erinnerung. Es ist das »originelle jeder ächttragischen Sprache«, an der wir begreifen, daß Sprache ursprünglich der Prozeß eines Zur-Sprache-Findens ist. Sie ist tragischen Ursprungs und dadurch gefährdet, daß ein Bewußtsein sich nicht mehr von sich zu unterscheiden vermag und hinter jene Sprachfindung zurückfällt. Dieses Endlichkeitsbewußtsein, daß den ›Enthousiasmos‹ des ›Zustandes zwischen Sein und Nichtsein‹ nicht nur als neuplatonischen ›Aufstieg‹, sondern auch als Gefahr eines Rückfalls in die Sprachverlorenheit bloßer Natur sieht, zeichnet Hölderlins Werk nach 1800 immer deutlicher. Freie Kunstnachahmung gründet in der Notwendigkeit und erfüllt sich im Gelingen des Sprachwerdens der Erinnerung. Wenn der Dichter dieses Geistes der Erinnerung mächtig ist, kommt ihm alles auf ihre Sprachfindung an.

d) In ›Wenn der Dichter einmal des Geistes mächtig ist ...‹ fragt Hölderlin nach den poetologischen Konsequenzen aus der geschichtsphilosophischen Begründung freier Kunstnachahmung. Er denkt den geschichtsphilosophischen Anspruch freier Kunstnachahmung als poetische Praxis. Daneben enthält dieser umfangreichste Versuch theoretischer Selbstverständigung eine Kritik an einer an der subjektiven Natur des Ich orientierten Identitätsphilosophie. Und Hölderlin beschreibt die lebenspraktischen Implikate dieser Kritik und stellt den lebensgeschichtlichen Sinn poetischer Individualität dar. Der »Wink für die Darstellung und Sprache« (vgl. S. 58ff.) gibt Hinweise, inwiefern sich die poetische Verfahrungsweise auf Grund der schöpferischen Reflexion der Sprache von der Erkenntnis philosophischer Reflexion unterscheidet.

Der »Geist«, dessen »der Dichter mächtig ist«, ist die »gemeinschaftliche Seele« des Selbstgefühls des Lebendigen, das Veränderung heißt.[30] Was folgt daraus für die Verfahrungsweise des

[30] Denn »auch während des Überganges sind Geist und Zeichen [...] wie

poetischen Geistes — »für den Zwek, daß der Geist sich in sich selber und in anderen reproducire« (vgl. S. 40)? Die Antwort beginnt mit einem drei Seiten umgreifenden Satzanakoluth, in dem zwölf Mal im Konditionalis nach der wechselseitigen Rezeptivität von »Geist« (dem Inwendigen einer »unausgesprochenen gefühlten Wirkung«) und »Stoff« (dem Auswendigen, durch das sich diese Wirkung reproduzieren soll) gefragt wird. Gefragt wird nach der »Begründung« poetischer Formen und Konzeptualisierungen. Sie erfordert ein »hyperbolisches« — über die Form von Selbstbeziehung hinausgehendes — »Verfahren« (vgl. S. 44). Die »verschiedenen Arten subjectiven Begründens« gelangen über das Bewußtseinsparadigma von Selbstbeziehung nicht hinaus. Das »reine poëtische Leben« reproduziert diese Bewußtseinsimmanenz und hat deshalb einen »zeitlichen Mangel« (vgl. S. 45): es hat ›Zeit‹ nur zum Gegensatz, deshalb mangelt sie ihm. Soll dieser »Mangel in der Einigkeit« aufgehoben werden können, so muß die daseiende Verschiedenheit von Zeit gleichsam in das poetische Geschäft hineinwandern. Das erfordert eine das sinnliche Vorübergehen des Zeitlichen in sich begreifende und darstellende Zeitlogik.[31] Die Frage, wie sich diese poetische Zeitlogik von der zeitlichen Bestimmtheit des »Lebens überhaupt« her denken läßt, ist die Frage nach dem

beseelte Organe mit organischer Seele, harmonisch entgegengesezt Eines«, so Hölderlin in ›Das untergehende Vaterland ...‹ (S. 37). Das ist die »gemeinschaftliche Seele, die allem gemein und jedem eigen ist«, mit der er ›Wenn der Dichter ...‹ beginnt (S. 39). Zum Zusammenhang der beiden Fragmente vgl. J. Kreuzer, Erinnerung, a.a.O. — Zu dem »Geist«, der sich als »die gemeinschaftliche Seele, die allem gemein und jedem eigen ist«, zeigt, vgl. Heraklit, B 3. Zur »gemeinschaftlichen Seele« vgl. auch Hölderlins Brief an Schelling vom Juli 1799 (vgl. Anm. 48). Im ›Archipelagus‹ spricht Hölderlin von der Notwendigkeit, daß »Ein Geist allen gemein sei«. Es ist der, der »die Göttersprache das Wechseln/Und das Werden« begreifen läßt.

31 Der Kalkül der »Wechsel der Töne« (vgl. die ›poetologischen Schemata‹) ist Hölderlins Versuch einer Schematisierung dieser poetischen Zeitlogik. Später wird er vom »Rhythmus der Vorstellungen« und ihrer »Succession nach poetischer Logik« sprechen (vgl. ›Anmerkungen zur Antigonä‹, S. 101/102).

»Verbindungsmittel zwischen Geist und Zeichen« (vgl. S. 46). Damit thematisiert Hölderlin poetologisch jene Verbindung, die er im Begriff geschichtlicher Veränderung gedacht hat. In ›Das untergehende Vaterland ...‹ heißt es: »denn auch während des Überganges sind Geist und Zeichen, mit andern Worten die Materie des Überganges mit diesem und dieser mit jener [...] harmonisch entgegengesezt Eines.« (S. 37) Das Verbindungsmittel zwischen Geist und Zeichen bedeutet eine Aufhebung des zeitlichen Mangels der scheinbaren Zeitenthobenheit reiner Harmonie. Diese hat wie die zeitlose Logik bloßer Reflexion den Fehler, daß ihr die Verschiedenheit des Zeitlichen in seinem Veränderlichsein entgegengesetzt wird. Identität ist ohne Entgegensetzung unmöglich. Das war die Grundeinsicht von ›Seyn, Urtheil, ...‹. Identität und Entgegensetzung sind Momente eines Beziehungszusammenhangs. Sich im Entgegengesetzten als dasselbe zu erkennen, bedeutet nun, sich im zeitlich Verschiedenen als dasselbe zu erkennen. Dies genau, daß ein Ich sich in der Verschiedenheit seiner Akte erkennt, ist der zeitliche Sinn der Erinnerung. Betont heißt es: »ich sage, so ist nothwendig, daß der poetische Geist [...] einen unendlichen Gesichtspunct sich gebe, [...] wo er im harmonischen Progreß und Wechsel alles vor und rükwärts gehe, [...] und es ist seine lezte Aufgabe, beim harmonischen Wechsel einen Faden, eine Erinnerung zu haben [...].« (S. 49) Die Erinnerung ist der Sinn für Zeit und selbst zeitlich. Durch die Erinnerung findet sich das »poetische Leben« — nach dessen Grund gefragt wurde — in seinem Innersten zeitlich begründet und zeitlich bestimmt. Der Sinn der Erinnerung ist negative Präsenz. »Entgegengeseztes und Einiges ist in ihr unzertrennlich. [...] [S]ie kann der Reflexion weder als entgegensezbares Einiges, noch als vereinbares Entgegengeseztes erscheinen, sie kann also gar nicht erscheinen, oder nur im Karakter eines positiven Nichts, eines unendlichen Stillstands [...].« (S. 50) Damit ist das Moment reiner Übergängigkeit, das Hölderlin geschichtlich als »reales Nichts« charakterisiert hat, poetologisch formuliert.

In erkenntnistheoretischer Hinsicht dient ihm das Postulat, »eine Erinnerung zu haben« dazu, den »durchgängigen Widerstreit« zu lösen, in die sich (stellvertretend für jedes Bewußtsein) die Versuche einer subjekttheoretischen Begründung poetischer Individualität verstricken (vgl. S. 43-46). »Eine Erinnerung zu haben«, ist das Postulat, Beziehung-auf-sich nicht als bloße Selbstbeziehung zu verstehen. Wo »das Einige als Wechselwirkung« in poetischer Individualität »als Eines begriffen« wird, »in diesem Acte kann und darf sie schlechterdings nicht durch sich selbst begriffen, sich selber zum Objecte werden« (S. 49/50). Nur in der ›Beziehung-auf-Anderes‹ erhält sich die ›Beziehung-auf-sich‹. Die Beziehung-auf-sich in der Beziehung-auf-anderes, die Erinnern bedeutet, erfüllt sich in der ›Wahl eines Objekts‹. Selbstbestimmung heißt, von dem gewählten Objekt »angemessen bestimmt zu werden und es zu bestimmen.« (S. 52) Der Grund von Identität muß hervorgebracht und verwirklicht werden, um sinnlich erfahrbar und nicht bloß in logischer Gestalt gedacht zu sein. Das »Object«, in dem sich die poetische Individualität erhalten kann, ist Sprache. Erst in der Form der Sprache entsinnen wir uns dessen, was wir erinnert haben. Sie stellt die Wirklichkeit sinnvoll werdender, *sich-entsinnender* Erinnerung dar.

In einer Zwischenüberlegung treibt Hölderlin den Versuch, Identität »innerhalb der subjectiven Natur des Ich« zu denken, auf die Spitze und demonstriert in bestimmter Negation die Unmöglichkeit einer in der bloßen Selbstbeziehung eines »absoluten Ich« gründenden Identität. Es wird die erkenntnistheoretische Einsicht formuliert, daß sich der »reale Widerspruch«, in dem das Ich »mit und für sich selbst« bleibt, identitätsphilosophisch nicht lösen läßt (vgl. S. 51/52). Die poetische Individualität wirklichen Erinnerns erschöpft sich nicht in der Selbstbeziehung bloßer Subjektivität, sondern bedarf eines Objekts, durch das sie »empyrischindividualisirtes« und selbst »zum Objecte« wird (vgl. S. 52).[32] Das ›Harmonischentgegengesetzte‹ muß sich äußerlich, zeitlich reproduzieren. Die Verwirkli-

32 Die poetische Individualität objektivierten Erinnerns entspricht dem »Einen in sich selber Unterschiedenen«, als das Hölderlin im ›Hyperion‹ das »Wesen der Schönheit« bestimmt hat (vgl. Anm. 5).

chung des Sinns poetischer Individualität durch die ›Wahl eines Gegenstandes‹ ist ein erkenntnistheoretisches Gebot, das aus den Antinomien der Selbstbezüglichkeit theoretischer Reflexion wie unmittelbarer Praxis hinausführt. Als »Verfahrungsart in der äußern Welt« (vgl. S. 54) wird — als Antwort auf die Frage »a) Wie ist es aber möglich? im Allgemeinen?« (S. 52) — die lebensgeschichtliche (praktische oder, wenn man so will, existenzphilosophische) Dimension der aus dem Wesen der Erinnerung folgenden Notwendigkeit beschrieben, daß ein Ich sein Erinnern objektiviert und vergegenständlicht und sich dadurch von sich unterscheidet. Hölderlin faßt die poetische Individualität als Praxisgebot auf. Sie muß (und kann) dergestalt objektiviert werden, daß dies nicht erneut nur die Reflexion bedeutet, daß der Erinnerung ein Objekt gegeben werden muß. In dieser Wahl erhält sich die »Heautonomie« der Erinnerung, die sich sprachlich bestimmen läßt.[33] Das ist mehr als die theoretische Reflexion von Selbstbestimmung und begründet die Differenz zwischen Dichtung und Philosophie.

Dichtung gibt dem eine Wirklichkeit, was Hölderlin »transcendentale Empfindung« nennt. Von ihr unterscheidet er die »intellectuale Anschauung« expressis verbis (vgl. S. 57). Wie Kant und wie Hegel erachtet Hölderlin in dem poetologisch grundlegenden Text ›Wenn der Dichter ...‹ die intellektuelle Anschauung nicht als die höchste Form des Bewußtseins.[34] Sie ist »bloße Harmonie«, führt einen »Verlust des Bewußtseins und der Einheit« mit sich. Ihr »mythisches bildliches Subject Object« hat einen »zeitlichen Mangel«, es enthält nicht die daseiende Verschiedenheit des Zeitlichen, durch die sich erst Har-

33 Vgl. Kant, Kritik der Urteilskraft, Einl., S. V, §§ 69, 71.

34 Kant nennt das behauptende Setzen einer ›intellektuellen Anschauung‹ eine »nichts kostende Apotheose von oben herab« (vgl. Von einem neuerdings erhobenen vornehmen Ton in der Philosophie, in: Werke, hg. v. W. Weischedel, Frankfurt/M. 1968, Bd. 6, S. 379). Hegel hält der Unmittelbarkeit ›anschauenden Denkens‹ entgegen, daß es in die »träge Einfachheit zurückfällt, und die Wirklichkeit selbst auf eine unwirkliche Weise darstellt.« (Phänomenologie des Geistes, hg. v. W. Bonsiepen, Hamburg 1988, S. 14)

monie konstituiert.[35] In intellektueller Anschauung ist man sich »des eigentlich Unendlichen zu wenig bewußt«. Die intellektuelle Anschauung wird zu einem Moment der relationalen Struktur »transcendentaler Empfindung«, die auf Grund der Erinnerung des »eigentlich Unendlichen, welches durch sie als eine bestimmte wirkliche Unendlichkeit, als außerhalb liegend bestimmt wird, [...] empfänglich und [größerer] Dauer fähig« ist (S. 57). Transzendental ist die Empfindung eines Beziehungsgefüges. Sie bedarf einer ›äußeren‹, nicht bloß reflexiven, sondern sinnlich erscheinenden Form. In der Sprache erst erhält sich die Erkenntnis transzendentalen Empfindens.

Dieser Sprachlichkeit des Geistes gilt der ›Wink für die Darstellung und Sprache‹, der Schlußteil von ›Wenn der Dichter einmal des Geistes mächtig ist ...‹, in dem Hölderlin ausführt, welches Resultat für die poetische Darstellung aus der Möglichkeit entspringt, daß »das Ich sich in poëtischer Individualität erkenne und verhalte« (vgl. S. 52). Die rhetorische Frage — »Ist die Sprache nicht, wie die Erkenntniß von der die Rede war?« — beantwortet Hölderlin: »So wie die Erkenntniß die Sprache ahndet, so erinnert sich die Sprache der Erkenntniß.« (S. 58)[36] Sprache enthält Erkenntnis — theoretische Reflexion — als ihr logisches Moment in sich. Die ›Sprache zu ahnen‹ heißt nicht, daß in der Erinnerung schon ein Wissen wäre, dem dann so-

35 Die Depotenzierung der »intellectualen Anschauung« zu einem Ton der poetischen Verfahrungsweise stellt eine direkte Kritik an Schelling — vgl. Anm. 19 — und eine vorweggenommene an Fichtes Ergänzung in der ›Wissenschaftslehre‹ von 1802 dar, wo es heißt: »Ich ist nothwendig Identität des Subjects und Objects: Subject-Object; und dies ist es schlechthin ohne weitere Vermittelung«. (Vgl. Fichtes Werke, hg. v. I. H. Fichte, Berlin 1971, S. 98)

36 «Ahnden« (ahnen) und Erinnern hängen zusammen. Kant bemerkt: »Man hat neuerlich zwischen etwas ahnen und ahnden einen Unterschied machen wollen; allein das erstere ist kein deutsches Wort und es bleibt nur das letztere. — Ahnden bedeutet so viel als *gedenken*. Es *ahndet* mir heißt, es schwebt etwas meiner Erinnerung [...] vor« (Anthropologie in pragmatischer Hinsicht, in: Werke, a.a.O., Bd. 12, S. 492). Vgl. auch Grimm'sches Wörterbuch, ND München 1984, Bd. 1, S. 192–195.

zusagen nur noch eine äußerliche Gestalt gegeben würde.[37] Die Sprache ahnen bedeutet, daß die transzendentale Empfindung sich erst in der Unterscheidung von sich selbst wirklich erhält. Nur in ›äußerlicher‹ Form findet sich ihr ›inneres‹ Beziehungsgefüge in einer nicht bloß gedachten Beziehung wieder. Nur »in der Äußerung kann gefunden werden«, was nicht bloß »Ideal« ist und »außerhalb der Äußerung nur in dem aus ihrer bestimmten ursprünglichen Empfindung hervorgegangenen Ideale gehofft werden kann.« (S. 60) Die poetische Reflexion unterscheidet sich von den Grenzen theoretischer wie von den Zwängen praktischer Vernunft. Die poetische Sprache ist weder ein Ausdruck sprachunabhängig formulierbarer theoretischer Einsichten noch verweist sie auf transrationale Gefühlswelten. Beides hieße, sie als bloße Mitteilung von Gedächtnisgehalten mißzuverstehen. Diese gehören in den Prozeß des Erinnerns. Zwischen diesen Realien (den ausgesprochenen Gedanken) und ihrer logischen Eindeutigkeit teilt sich, sozusagen unausgesprochen und wortlos, der ästhetische Geist der Sprache mit.

Sprache ist kein Ausdruck eines Erinnerns, das es auch ohne sie gäbe. Sie stellt die Wirklichkeit der Erinnerungsarbeit, keinen Austausch von Gedächtnisgehalten dar. Die Erinnerung bedarf der Sprache — und die Sprache der Erinnerung. Beides zusammen ist der Grund der Dichtung. Erfolgt in den Augenblicken, in denen »die Sprache geahndet wird, [...] eine Reflexion [...], so [...] ist sie belebende Kunst, wie sie zuvor vergeistigende Kunst war« (S. 59, 60). »Das Product dieser schöpferischen Reflexion ist die Sprache.« (S. 60) Hölderlins Terminus technicus für diesen Anspruch und dieses Verfahren der schöpferischen Reflexion der Sprache ist die »poetische Prosa eines allbegränzenden Moments wohin und worinn sich negativ und eben deswegen ausdrüklich und sinnlich sich alle

[37] Diese Einsicht in die dialektische Natur des Zusammenhangs von Erinnerung und Sprache (und Schrift) wird nicht zuletzt im Theuth-Mythos von Platons ›Phaidros‹, den Hölderlin kommentieren wollte (s.o.), diskutiert (vgl. 274 b – 275 b).

genannten Stüke beziehen und vereinigen« (S. 62).[38] Die ›negative Präsenz‹ des Erinnerns ist die innere Bestimmung des Beziehungsgefüges der transzendentalen Empfindung. Sie begründet eine poetische Logik, die sich zeitlich, d.h. im Rhythmus der Vorstellungen artikuliert. In ihm besteht der »bestimmende Act der schöpferischen Reflexion des Künstlers« darin, »daß er [...], um die Töne seines Geistes zu bezeichnen, [...] mir dieses Zeichen nennt [und] mich veranlaßt, diesen Stoff in das Zeichen überzutragen [...]« (S. 61). Zwischen dem reflexionslogisch Bestimmbaren, sozusagen im Oszillieren der Denkbewegung, vollzieht sich die schöpferische Reflexion, die als Sprache sinnlich und zeitlich bestimmt erscheint. Ihr Tönen stellt eine ›negative Vereinigung‹ dar, die den Wechsel des Zeitlichen nicht tilgt, sondern zur Voraussetzung hat und selbst »ausdrüklich und sinnlich« werden läßt.[39] Zeit selbst wird zur inneren Bestimmung und zur Notwendigkeit von Sprache. Sie wird zur inneren Form der Sprache auf Grund der Erinnerung. Diese erhält sich, indem sie zur Sprache gebracht wird.

e) In dem Fragment ›Das lyrische, dem Schein nach ...‹, dem umfangreichsten der auf ›Wenn der Dichter einmal des Geistes mächtig ist ...‹ folgenden poetologischen Aufzeichnungen, denkt Hölderlin die Einigkeit der »intellectualen Anschauung« als das, was der tragischen Trennung zu Grunde liegt (vgl. S. 70). Durch die intellektuelle Anschauung wird der tragische (oder heroische) Ton der Sprache begründet. Hölderlin konkretisiert damit den Gedanken der intellektuellen Anschau-

[38] Es scheint mir nicht zufällig, daß auch Jean Paul in der ›Vorschule der Ästhetik‹ (im § 69) mit dem Ausdruck »poetische Prosa« die Methodik poetischer Sprache bezeichnet. Für Hegel hingegen ist sie bloß ein Zwitter, da die Poesie als Kunst die »praktische und theoretische Prosa des gemeinen Lebens und Bewußtseins« zu verlassen genötigt sei (vgl. Enzyklopädie, Der poetische Ausdruck. 3. Die Versifikation).

[39] Darin gründet die Affinität der von Hölderlin konzipierten »poetischen Prosa« zur Musik. Ich denke hier in erster Linie an die späten Klaviersonaten Beethovens und insbesondere die Schuberts.

ung in zweifacher Hinsicht. Sie ist zum einen die begriffliche Entsprechung des Erfahrungsgehaltes tragischer Entzweiung, in der eine ›ursprüngliche Einigkeit aus sich herausgeht, um aus der äußersten Spannung der Entgegensetzung wieder in sich selbst zurückzukehren‹ (vgl. S. 71). Dieses klassische Selbstentzweiungs- und Vermittlungstheorem denkt Hölderlin zum anderen geschichtlich und verknüpft es (und damit die intellektuelle Anschauung) mit der griechischen Tragödie. Die Tragödie dokumentiert den Erfahrungsgehalt der intellektuellen Anschauung in geschichtlich singulärer Weise. In der Kunstform der Tragödie stellt sich (beginnend mit Sophokles' »Oedipus« und endend mit dessen »Antigonä«) das Erfahrungsdatum eines geschichtlichen Übergangs dar. Dessen Struktur läßt sich einerseits mit der Denkform ›Einheit/Einigkeit, Hervorgang/Ausgang und Rückgang‹ beschreiben (vgl. S. 71/72).[40] Andererseits wird damit diese zyklische Bewußtseinsstrias als Moment einer über sie hinausweisenden geschichtlichen Dynamik aufgefaßt. Im Übergang vom tragischen Stil der intellektuellen Anschauung im »Oedipus« zu ihrem lyrischen in der »Antigonä« artikuliert sich der Übergang vom ›Griechischen zum Hesperischen‹ (vgl. S. 72).

In der »Rezension zu Siegfried Schmids ›Die Heroine‹« erprobt »Hölderlin seine unpublizierte Poetik als Maßstab der Kritik«.[41] Die Rezension enthält den Hinweis, daß es Bestimmung des Gedichts ist, dem aus dieser Welt genommenen »Fragment des Lebens eine aesthetisch wahre Ansicht« zu geben und es »zur Naturwahrheit herzustellen« (vgl. 74/75). Daß es die Bedeutung der Kunst ist, daß sich in ihr Geschichte als Prozeß sich zu sich selbst verhaltender Natur wiedergegeben findet, formuliert Hölderlin auch in der späten Notiz ›Von der Fabel der Alten‹.[42] »Zusammenhang der Menschen und Geister./Natur,

40 Das ist eine fast wörtliche Übersetzung des neuplatonischen Theorems von »moné-próodos-epistrophé«, das seit Proklos und Dionysius Pseudo-Areopagita über Nikolaus v. Kues in die Neuzeit tradiert wurde.

41 Vgl. FHA Bd. 14, a.a.O., S. 373.

42 Fabel ist das Wort für Mythos, vgl. Anm. 20.

in der Einwirkung Geschichte.« (S. 78) Geschichte ist die Wirklichkeit sich zu sich selbst verhaltender Natur. Sie bedarf der Sprache, die zum Anhaltspunkt ihres Bewußtseins und ihrer Deutung wird.

III

Hölderlins Tragödientheorie steht gleichrangig neben der Hegels oder Nietzsches. Sie setzt mit den theoretischen Überlegungen zum Empedokles-Projekt (›Die tragische Ode‹, ›Allgemeiner Grund‹, ›Grund zum Empedokles‹) ein und findet sich nach der Notiz über ›Die Bedeutung der Tragödien ...‹ vor allem in den ›Anmerkungen‹ zu den Übersetzungen des ›Oedipus‹ und der ›Antigonä‹ von Sophokles formuliert.[43]

Das Empedokles-Projekt beendet Hölderlin Ende 1799. Die Sophokles-Anmerkungen sind 1804 erschienen. Dazwischen haben sich einschneidende Veränderungen in seinem Leben vollzogen. Das drückt sich auch und insbesondere im gewandelten Verständnis des Tragischen und der Bestimmung der Tragödie aus. Die ›idealistischen‹ Perspektiven, die mit der Arbeit am »Empedokles« verbunden waren, sind Hölderlin zugrundegegangen.[44] Ein ›die‹ Geschichte im Interesse der Begründung der Möglichkeit und Notwendigkeit tragischer Darstellung umfassendes Konzept wird ersetzt durch die geschichtsphilosophische Reflexion dessen, wie Veränderung als Prozeß des Übergangs, in dem das Tragische zum Moment wird, zu denken ist. Auch wird ›der‹ Kunst nicht mehr eine unmittelbar verändernde Funktion zugesprochen. Dieser paradigmatische Wechsel im Verständnis von Geschichte und dem freier Kunstnachahmung artikuliert sich in ›Das untergehende Vaterland ...‹, in Rücksicht auf die Tragödie wird er in den Sophokles-Anmerkungen konkretisiert.

43 Auf die Bedeutung von Hölderlins Theorie der Tragödie in den Sophokles-Anmerkungen hat in diesem Jahrhundert als erster W. Benjamin im Essay zu ›Goethes Wahlverwandtschaften‹ und in ›Die Aufgabe des Übersetzers‹ hingewiesen.

44 Vgl. den Brief an Ebel vom November 1799 (vgl. Anm. 24).

Hölderlin hat mit dem Empedokles-Projekt die Darstellung des Tragischen als zeitgemäße Kunstform aufgegeben, nicht aber seine Theorie des Tragischen. Diese hat er vielmehr als Theorie der Tragödie präzisiert. Ihre fundamentale Bedeutung zeigt sich darin, daß in ihr die Konstitution von Bewußtsein, die Erfahrung von Zeit als Kontinuum und die Bedeutung der Sprache verhandelt wird.

a) In der Phase des Empedokles-Projekts denkt Hölderlin das Tragische als Darstellungs- und Kunstform des Gehalts und der Struktur der intellektuellen Anschauung. Das Theorem von ›ursprünglicher Einheit-Hervorgang-Rückkehr zur Einheit‹ wird als Gegenstand eines Prozesses aufgefaßt, der die »tragische Ode« ebenso kennzeichnet wie das »tragisch dramatische Gedicht« (die Tragödie). Sein Grund ist das »Übermaas der Innigkeit« bzw. die »tiefste Innigkeit«.[45] In ›Wenn der Dichter einmal des Geistes mächtig ist ...‹ wird Hölderlin unmittelbar nach dem Empedokles-Projekt das basale Theorem von der »tiefsten Innigkeit« relativieren.[46] Die Erfahrung tragischer Entzweiung ist im lebensgeschichtlichen Rückblick ihrer höchsten Bestimmung nach ein Vergangenes. Sie wird zu einem Moment im Wechsel der Töne. Doch für das Empedokles-Projekt denkt Hölderlin sie noch als Begründung einer zeitgemäß möglichen Kunstform. Wie die »tiefste Innigkeit« tragisch in der Form des ihr Entgegengesetzten erscheint (vgl. S. 80), so verleugne der Dichter seine Erfahrung, um sie in einen fremden, gleichwohl analogen Stoff zu übertragen (vgl. S. 80). Inwiefern gerade ein geschichtlich

45 »[D]urch Übermaas der Innigkeit [ist] der Zwist entstanden, den die tragische Ode gleich zu Anfang fingirt, um das Reine darzustellen. Sie gehet dann [...] aus den Extremen des Unterscheidens und der Nichtunterschiedenheit [...] wieder [...] in den Anfangston zurük. – Es ist die tiefste Innigkeit, die sich im tragischdramatischen Gedichte ausdrükt.« (S. 79/80)

46 Dort heißt es: Wenn der Mensch »den Widerstreit des Lebens und der Personalität den er immer zu vereinigen und in Einem zu erkennen strebt und streben muß, in höchster Innigkeit auflösen (wollte), so hilft es nichts.« (S. 56)

fremder Stoff für die Übertragung der eigenen Innigkeit — »die doch aus des Dichters eigener Welt und Seele hervorgegangen sein muß, weil sonst überall die rechte Wahrheit fehlt, und überhaupt nichts verstanden und belebt werden kann« (S. 80) — geeignet ist, wird zum theoretischen Grundproblem des Empedokles-Projekts. Es folgt daraus, daß der »fingierte« Zwist (vgl. S. 79), in dem sich die intellektuelle Anschauung ausdrückt, in tragischer Form zur Darstellung gebracht werden soll. Hölderlin versucht im ›Grund zum Empedokles‹ mit dem Theorem von »Natur und Kunst« dieses Grundproblem zu lösen. »Natur und Kunst sind sich im reinen Leben nur harmonisch entgegengesezt. [...] Aber dieses Leben ist nur im Gefühle und nicht für die Erkenntniß vorhanden. Soll es erkennbar seyn, so muß es dadurch sich darstellen, daß es im Übermaaße der Innigkeit, wo sich die Entgegengesezten verwechseln, sich trennt« (S. 82). Diesem zyklischen, ›die‹ Geschichte übergreifenden und bestimmenden Konzept liegt eine Denkform zugrunde, die das Extreme der Entgegensetzungen — in der überkreuz sich verwechselnden Struktur von Natur und Kunst — zwar stark betont, dies aber um der »höchsten Versöhnung« willen (vgl. S. 83).

Im Modell des ›Grund zum Empedokles‹ hat Kunst eine unmittelbare, sozusagen geschichtlich-faktische Bedeutung. Sie soll als das Agens geschichtlicher Umwälzung gedacht werden können. Das Beispiel, der historisch fremde Stoff, in den Hölderlin seine Totalempfindung überträgt, ist Empedokles' Schicksal in Agrigent. Von ihm heißt es: »So ist Empedokles, wie gesagt, das Resultat seiner Epoche, und sein Karakter weist auf diese zurük, so wie er aus dieser hervorgieng. [...] Er scheint nach allem zum Dichter geboren« (S. 85). Doch will Hölderlin zugleich die Denkform von Selbstentzweiung und Vereinigung als wechselseitiges Entgegensetzungs-, Vertauschungs- und Reinigungsverhältnis von Natur und Kunst dramatisch umsetzen. Deshalb heißt es, daß erstens die Kunst, für die Empedokles als »Dichter« steht, »nicht Gesang« erfordert, daß zweitens der geschichtliche Kontext, in den er gehört, kein praktisches (reformatorisch-revolutionäres) Verhalten, keine »That« erfordert, sondern daß drittens die individuelle Verknüpfung der Extreme des Schicksals »ein Opfer« verlangt, d.h. die bis zum Tod gehende Negation des individuellen Übermaßes der Vereinigung (vgl. S. 86).[47] Damit hat Hölderlin das Entgegensetzungspotential des Theorems von Natur und Kunst mit seinen wechselseitigen Formbestimmungen »organisch-aorgisch« (vgl. S. 82, 85), das er als geschichtliche Erfahrung im ›fremden‹ Stoff objektiviert, durchdialektisiert und paradox zugespitzt.[48] Durch die Vertauschung im wechselseitigen Bedingungsverhältnis von Natur und Kunst, durch die Vertauschung des Subjektiven und Objektiven in der Gestalt Empedokles und ihre Auflösung im tragischen Opfer, die die »Lösung der Probleme des Schiksaals« in einem Einzelnen als »scheinbare temporäre« (vgl. S. 87) tilgt, ist aber nur die tragische Rückkehr aus Entzweiung in das ursprünglich Eine erklärt. Geschichte in einem nicht am heroischen Subjekt fixierten Sinne taucht in dieser Theorie nicht auf. Es gibt den Gedanken des Untergangs des Individuums »in einer idealischen That [...], damit das Leben einer Welt [nicht] in einer Einzelheit« abstirbt (vgl. S. 86), aber nicht den geschichtlichen Übergangs. Diesen Gedanken — die Reflexion über den Prozeß geschichtlicher Veränderung und ihre nicht um das tragische Schicksal eines Einzelnen gruppierte Notwendigkeit, die zugleich die Zerstörung individuellen Bewußtseins verlangt — bezieht Hölderlin mit der Figur des »Gegners« ein (vgl. S. 91). Er wird zum Dialogpartner von Empedokles in der Reflexion über das eigene Tun und der Besinnung auf die umgebende Not der Epoche, die sie beide erkennen.

47 Die Parallele zu Hegels Christus-Deutung ist augenfällig (vgl. ›Der Geist des Christentums‹, ›Glauben und Wissen‹, ›Phänomenologie des Geistes‹).

48 Das Adjektiv »aorgisch« ist eine Wortschöpfung Hölderlins, die sich auch in ›Das lyrische dem Schein nach ...‹ (vgl. S. 69, 71) und in den ›Anmerkungen zur Antigonä‹ (vgl. S. 104) findet. Im Juli 1799 schreibt Hölderlin an Schelling, daß in einem »harmonischen Wechsel [...] die Seele nicht ohne die Organe und die Organe nicht ohne die Seele bestehen können, und daß sie beede, wenn sie abgesondert und hiermit beede aorgisch vorhanden sind, sich zu organisiren streben müssen [...]« (SWB II, S. 793).

Mit diesem Dialogpartner tritt bezüglich der Theorie (der Möglichkeit) tragischer Darstellung jener entscheidende Wandel ein, der neben zeitgeschichtlichen Umständen das Ende der Arbeit am Empedokles-Projekt herbeigeführt haben dürfte. Empedokles und der Gegner stehen auf gleicher Stufe. »Sein Gegner, groß in natürlichen Anlagen, wie Empedokles, sucht die Probleme der Zeit auf andere, auf negativere Art zu lösen. [Er sucht nicht sowohl] die Extreme zu vereinigen, als sie zu bändigen, und ihre Wechselwirkung an ein Bleibendes und Vestes zu knüpfen [...]. Kunst und Natur [vereinigen sich in ihm] dadurch, daß ein Übermaas von Objectivität [...] und Realität [...] die Stelle des Thätigen vertreten, da hingegen das Subjective mehr die passive Gestalt des Duldens, der Vestigkeit, der Sicherheit gewinnt [...]«. (S. 91/92) Damit gibt es für den tragischen Zwist von Kunst und Natur zwei mögliche Lösungen, und die des Gegners impliziert weder eine Tilgung des Bewußtseins noch das Opfer der Individualität. Zum Gegenstand des Trauerspiels wird darüber hinaus die Reflexion über Notwendigkeit und Form geschichtlicher Veränderung. Es tritt an die Stelle des tragischen Geschehens ein Reflexions- bzw. Sprachgeschehen — am Ende des ›Grund zum Empedokles‹ und den abschließenden Versuchen seiner tragisch-dramatischen Umsetzung. Das heißt: Was Hölderlin in der poetischen Arbeit am Stück »Empedokles« faktisch tut, ist schon jenseits dessen, was er als tragisch-dramatisches Gedicht konzipiert hat.

b) Die Theorie des Empedokles-Projekts stellt das idealistische Theorem, daß durch Entzweiung hindurch sich ein Ganzes mit sich versöhnt, zur Disposition. Mit dem Ende dieses Projekts gibt Hölderlin die Trias Einheit-Entzweiung-Vereinigung als zeitgemäß mögliche Kunstform auf. Es ist das Denken von Geschichte als eines offenen Prozesses und die (freilich gefährdete, durch keine geschichtsübergreifende Konstruktion mehr garantierte) Freisetzung von Sprache, die jene bewußtseinstheoretische Trias als tragischen Ton in der Verfahrungsweise des poetischen Geistes in sich integriert. Nach dem Ende des Empedokles-Projekts ist die Theorie der Tragödie die geschichtsphilosophische und poetologische Klärung einer vergangenen Kunstform, die im Bewußtsein ihrer geschichtlichen Differenz ihren Sinn gewinnt.[49]

Gerade aus dieser Differenz ergibt sich nun die allerdings gerade in geschichtsphilosophischer Hinsicht eminente »Bedeutung der Tragödien« (S. 93). Geschichte ist der Prozeß der zeitlichen Erscheinungsweise von Natur selbst. An die Stelle der ›geschlossenen‹ Bewußtseinstrias ›Einheit-Entzweiung-Vereinigung‹ tritt die ›offene‹ Dialektik von Grund und Erscheinung, von »Ursprünglichem und Zeichen«. In der Tragödie wird das ursprüngliche Paradox der Natur von Geschichte zur Sprache gebracht und begriffen. Als tragisch erweist sich, was das Bleiben in Geschichte zerstört. Gerade dadurch aber werden die Bedingungen der Möglichkeit individuell gelebter Geschichte bewußt. »Alles Ursprüngliche« erscheint »eigentlich« in seiner Schwäche: »als Lebenslicht und Erscheinung« in der Sphäre der »Zeichen«. Im Tragischen kommt es zum Opfer des »Zeichens«, insofern das »Ursprüngliche« in seiner »stärksten Gaabe« die Welt der Zeichen als »unbedeutend = 0« erscheinen läßt (vgl. S. 93). Die Welt der Zeichen aber ist die der Individualität und Geschichte. Die Bedeutung der Tragödien besteht in der Erfahrung der Bedingungen der Möglichkeit von Geschichte in der radikalen bzw. originellen (= ursprünglichen) Gefährdung eben dieser Bedingungen. Hölderlins Notiz über die Bedeutung der Tragödien führt auf einen gereinigten Begriff der paradoxen Natur von Geschichte und Sprache. Das »Ursprüngliche« ist der »verborgene Grund jeder Natur« (vgl. S. 93), den es nicht zu enthüllen, sondern in seinem Erscheinen zu begreifen gilt. Geschichte bedeutet das Ganze einer Wechselwirkung zwischen dem »Ursprünglichen« und dem »Lebenslicht«. Es sind die »Zeichen«, in denen Natur

[49] »Die Fabel, poëtische Ansicht der Geschichte, und Architektonik des Himmels beschäfftiget mich gegenwärtig vorzüglich, besonders das Nationelle, sofern es vom Griechischen verschieden ist.« (Brief an Seckendorf vom 12. März 1804, SWB II, S. 928) Vgl. auch die berühmten Briefe an Böhlendorff vom Dezember 1801 und vom November 1802.

sich »in ihrer schwächsten Gaabe« als lebendiges Prinzip der Unterscheidung zeigt. Die Rückführung in den »verborgenen Grund der Natur« ist die Aufgabe des individuell Unterschiedenen, die tragisch sein Opfer bedeutet. Der Tendenz zu dieser tragischen Vereinigung entgegen notiert Hölderlin im ›Homburger Folioheft‹: »Unterschiedenes ist/gut.«[50] Natur stellt sich »eigentlich« im Bewußtsein der Individualität als Geschichte von Zeichen dar. In den Zeichen verhält sich, was als verborgener Grund von Natur gedacht wird, zu sich selbst. Es erscheint in der Sprache. In den Formen der Äußerung, die Sprache bedeuten, findet Natur in ihrer Schwäche als »Lebenslicht« zur Sprache. Im Tragischen hingegen ist »das Zeichen = 0«. Am Paradoxon der Tragödien stellt sich somit die Bedingung der Möglichkeit individuell sich erhaltenden Bewußtseins ex negativo dar.

c) In der Kunstform der Tragödie kommt die geschichtlich-einmalige, »nicht wohl veränderliche Art, wie es vom Griechischen zum Hesperischen geht«, zur Darstellung (vgl. S. 103). Dabei zeigt sich im ›Oedipus‹ die Geburt der Tragödie aus der »getreuen Einfalt der antiquen Originalnatur« (vgl. S. 105) und in der ›Antigonä‹ ihr Resultat im Übergang zur »republikanischen Vernunftform, die hier tragisch sich bildet« (vgl. S. 108). Die Tragödie ist der *geschichtliche* Übergang, in dem »unter Pest und Sinnesverwirrung« die Entgegensetzung zum »ewig menschenfeindlichen Naturgang« (S. 106) bewußt und so Bewußtsein selbst konstituiert wird. Die ›tragödische‹ Konstitution von Bewußtsein ist verbunden mit einer spezifischen Erfahrung von Zeit und der Freisetzung von Sprache. *Bewußtsein* als Entgegensetzung zu Natur, die Erfahrung von *Zeit* als Bedingung von Geschichte, *Sprache* schließlich als der Akt, in dem sich der »Geist« (vgl. S. 102–104) geschichtlichen Bewußtseins zu fassen vermag, sind die Zentren von Hölderlins Theorie der Tragödie in den Sophokles-Anmerkungen.

50 Homburger Folioheft, FHA Suppl. III, a.a.O., S. 92.

Am »Freigeist« Ödipus zeigt sich als ursprünglich tragisches Geschehen »das verzweifelnde Ringen zu sich selbst zu kommen, das niedertretende fast schaamlose Streben, seiner mächtig zu werden, das närrischwilde Suchen nach einem Bewußtseyn.« (S. 98) Bewußtsein bildet sich als um sich selbst, d. h. um seine physische Ohnmacht wissende Unterscheidung von der Natur als einer Macht.[51] Es begreift sich im Unterschied zu deren Zweideutigkeit. »Unter Undenkbarem wandelnd« objektiviert sich »des Menschen Verstand« (S. 103). Was dabei in Frage steht — daß sich die »heilige lebende Möglichkeit des Geistes erhält« (S. 104) —, zeigt der agonale Prozeß der Tragödie. In ihm bildet sich, »in der furchtbaren Muse einer tragischen Zeit [...], [die Vernunftform, die] nachher, in humaner Zeit, als feste aus göttlichem Schicksaal geborene Meinung gilt.« (S. 107)[52] Soll sich diese Vernunftform erhalten (können), so ist es notwendig, daß Zeit nicht nur als »reißende Naturmacht«, die »in die exzentrische Sphäre der Todten entrükt« (vgl. S. 96), erfahren wird, sondern auch als Bedingung und Form desjenigen, was ein ›Bleiben‹ ermöglicht. Dieses Bleiben muß sich in der Erfahrungsweise von Zeit und in ihrer Erscheinung als Übergang denken lassen. Die zeitenthobene Bewußtseinstrias ›Einheit-Entzweiung-Vereinigung‹ und die ihr zugehörige »tiefste Innigkeit« vermochten solches Bleiben gerade nicht zu erklären. Sie hatten vielmehr die Aufgabe der Individualität und die Negation der »Zeichen«, in denen sie sich zeigt, zur Konsequenz. Das radikalisiert Hölderlin nun im geschichtlich konkreten

51 Die »Unwiderstehlichkeit ihrer Macht [gibt] uns, als Naturwesen betrachtet, zwar unsere *physische* Ohnmacht zu erkennen, aber entdeckt zugleich ein Vermögen, uns als von ihr unabhängig zu beurteilen, und eine Überlegenheit über die Natur, worauf sich eine Selbsterhaltung von ganz andrer Art gründet, als diejenige ist, die von der Natur außer uns angefochten [...] werden kann« (Kant, Kritik der Urteilskraft, B 104/05, in: Werke, a.a.O., Bd. 10, S. 349/50).

52 Wenn zwischen der tragischen (= griechischen) und der humanen (= hesperischen, d. h. unserer) Zeit ein Verhältnis geschichtlicher Abfolge besteht, so heißt das nicht, daß der historische Abstand den Rückfall in tragische Unmittelbarkeit gleichsam ausschlösse.

Sinn. Es ist das »zornige Unmaas [...], das zerstörungsfroh, der reißenden Zeit nur folgt.« (S. 97) In der Tragödie wird Zeit (wie der Raum) nicht nur als Form der Anschauung und des inneren Sinns, sondern auch als Bedingung der Möglichkeit, daß Bewußtsein in der Unterscheidung von Natur sich erhält, exponiert. »In der äußersten Grenze des Leidens besteht nemlich nichts mehr als die Bedingungen der Zeit oder des Raums. – In dieser vergißt sich der Mensch, weil er ganz im Moment ist; der Gott, weil er nichts als Zeit ist [...]« (S. 101). Es gilt, die Beziehungslosigkeit des zeitlich Verschiedenen (›Verscheidenden‹) mit der Naturmacht ›Zeit‹, die sich als Grund und Form seines Vorübergehens und Untergehens zeigt, zu verbinden. Zwischen den Momenten, in denen der Mensch im Übermaß der Innigkeit sich tragisch vergißt, ist nicht nichts, sondern jeweils der Übergang, in dem ›der Gott nichts ist als Zeit‹. Die Bewußtseinsleistung, die der Verknüpfung der Erfahrung von Zeit als Moment und als Übergang zugrundeliegt und Identität in zeitlicher Verschiedenheit begreifen und im Wandel der Zeit behalten läßt, erklärt Hölderlin damit, daß die Zeit immer dann »berechenbarer« ist, wenn sie »im Leiden gezählt wird, weil dann das Gemüth viel mehr dem Wandel der Zeit mitfühlend folgt, und so den einfachen Stundengang begreift, nicht aber der Verstand von Gegenwart auf die Zukunft schließt.« (S. 105) Damit wird eine kairologische der chronologischen Zeiterfahrung nicht entgegengesetzt. Im Gegenteil. Kairos und Chronos gehören zusammen. Aus beidem setzt sich unsere Zeiterfahrung – und damit ›Zeit‹ als Bedingung lebendigen Bestehens – zusammen. Im ›humaneren‹ Zusammenhang verfügen wir über Zeit, indem wir über die Gegenwart hinweg von Vergangenheit auf Zukunft schließen. Der »einfache Stundengang« wird dabei nicht gemerkt. Die Ordnung von Zeit in ihre(n) Dimensionen läßt uns ihre ursprüngliche Erfahrung überspringen. Die wirklichen – nicht in tragischen Untergang führende – Kairoi sind die, in denen wir bemerken, was uns dem einfachen Stundengang sukzessiv folgen und im Wandel der Zeit bleiben läßt. Damit konkretisiert Hölderlin in den ›Sophokles-Anmerkungen‹ in zeittheoretischer Hinsicht, was er als Bedeutung der Erinnerung in ›Das untergehende Vaterland ...‹ erläutert hat.

Die Tragödie stellt einen Akt ursprünglicher Sprachfindung dar. Sie bringt das ursprüngliche Bewußtsein von Geschichte zur Sprache. »Weil solche Menschen in gewaltsamen Verhältnissen stehn, spricht auch ihre Sprache, beinahe nach Furienart, in gewaltsamerem Zusammenhange.« (S. 100) Sprache enthält Geschichte in sich, insbesondere jene ihres tragischen Ursprungs, in der sich »als Sprache für eine Welt, wo unter Pest und Sinnesverwirrung und allgemein entzündetem Wahrsagergeist, in müßiger Zeit, der Gott und der Mensch, damit der Weltlauf keine Lüke hat und das Gedächtniß der Himmlischen nicht ausgehet, in der allvergessenden Form der Untreue sich mittheilt [...]«. (S. 101) Das ist der tragödientheoretisch entscheidende Passus in den »Anmerkungen zum Oedipus«. ›Der Gott und der Mensch‹ — Zeit selbst und die Form, in der wir sie als Macht erfahren — zerfallen ohne das ›Gedächtnis der Himmlischen‹ in eine beziehungslose Abfolge isolierter Momente. In der Bewußtseinsfindung des Gedächtnisses der Himmlischen sind diese Subjekt und Objekt des Genitivs. Es ist ein retrospektiver und prospektiver Akt. Diese erinnernde Bewußtseinsfindung teilt sich dadurch mit, daß das Vermögen, dessen Erscheinung es ist, radikal in Frage steht. Sie teilt sich in der »allvergessenden Form der Untreue« (negativ) mit als die Notwendigkeit, daß das durch das Haften an den Momenten bedingte Verfallen in die Sukzession der reißenden Zeit durch Vergessen überschritten wird. Ohne Vergessen gibt es das Erinnern nicht, das wir als Gedächtnis der Himmlischen denken. Qua Vergessen schließt es Zeit als Prinzip des Übergangs und dessen Realitätslosigkeit als Intervall in sich. Daraus ergibt sich der Akt des Bleibens und der Besinnung, die Zeitliches verbindet. In »göttlicher Untreue«, in der »der Gott nichts ist als Zeit«, teilt sich die Notwendigkeit, im Vorübergehen der Momente der Zeit auf sie selbst zurückkommen zu müssen, mit. Die »reißende Zeit des ewig menschenfeindlichen Naturgangs« tut das nicht. Ihre originäre Erfahrung transformiert sich in der Tragödie zum ›festen Bleiben vor dem

Wandel der Zeit‹. »Göttliche Untreue« ist »am besten zu behalten«, weil sie uns die Notwendigkeit der Verbindung des Zeitlichen durch uns begreifen läßt. Das ist die tragödische (tragisch-originelle) Grundlegung des geschichtlichen Sinns der Erinnerung, den Hölderlin in ›Das untergehende Vaterland ...‹ als Notwendigkeit und innere Bestimmung freier Kunstnachahmung gedacht hat. Sie begründet die Notwendigkeit individueller Erinnerung, durch die der Mensch zur Besinnung und Sprache gelangt und sich Bewußtsein individuell erhält.[53] Diese Sprachfindung beginnt im »Oedipus«. Ihr geschichtlich-tragischer (tragödischer) Prozeß stellt sich in der »Antigonä« als Übergang ›zum Hesperischen‹ dar.[54] Das Ergebnis ist die »Vernunftform, die sich in der furchtbaren Muse einer tragischen Zeit bildet, und so wie sie in Gegensäzen sich darstellte, in ihrer wilden Entstehung, nachher, in humaner Zeit, als feste aus göttlichem Schiksaal geborene Meinung gilt.« (S. 107)[55]

Hölderlin denkt die Tragödie als einmaliges Datum, das seinen geschichtlichen Ort und seine geschichtliche Zeit hat. »Sophokles hat Recht. Es ist diß Schiksaal seiner Zeit und Form seines Vaterlandes.« (S. 109) Geschichte ist weder nur eine Exemplifizierung der statischen Wechselbezüglichkeit von »Natur und Kunst« (vgl. ›Grund zum Empedokles‹) noch bedeutet sie einen linearen Prozeß, dessen Ziel sich als Ganzes theoretisch konstruieren läßt — auch nicht nach dem idealistischen Mu-

53 »Deswegen das durchaus originelle jeder ächttragischen Sprache« (S. 34). Tragisch originell ist, was uns den bewußtseinskonstitutiven Akt der Sprachfindung in seiner Notwendigkeit begreifen läßt. Vgl. Anm. 55.

54 Der Übergang zeigt sich auch terminologisch. In den ›Anmerkungen zum Oedipus‹ spricht Hölderlin gleichsam mythologisierend von der »Naturmacht«, der »göttlichen Untreue« und dem »Gedächtnis der Himmlischen«. In den ›Anmerkungen zur Antigonä‹ ist vom »reißenden Zeitgeist« und von »Verstand, Vernunft und Geist« die Rede.

55 Wie Hegel denkt Hölderlin die ›Antigonä‹ als Auseinandersetzung zweier geschichtlicher Bewußtseinsformen. Anders aber als bei Hegel (vgl. Phänomenologie des Geistes, VI.A) scheint für Hölderlin Antigone das avanciertere Prinzip zu vertreten. In ihr spricht sich die »*apriorität* des Individuellen über das Ganze« aus (vgl. Homburger Folioheft, a.a.O., S. 75).

ster ›Einheit — Hervorgang (Entzweiung) — Rückkehr (Versöhnung‹. Konkrete Geschichte ist ein in die unbestimmte Zukunft hinein offener Prozeß. Hölderlins eigene Gegenwart und die griechische Vergangenheit der Tragödie sind Momente dieses Prozesses, auf deren alleinigen Bezug allerdings das »lebendige[...] Verhältniß und Geschik« von Geschichte nicht verkürzt werden sollte.[56] Die Konstitution von Bewußtsein aus der Erfahrung von Zeit und die Freisetzung von Sprache aus den gewaltsamen Verhältnissen einer bloßer Natur verfallenden Not sind keine geschichtlichen Besitzstände. Sie müssen sich immer von neuem erhalten und vergegenwärtigt werden. Das Originelle solcher Bewußtseins- und Sprachfindung wird an der Tragödie radikal und exemplarisch bewußt.

IV

Hölderlins Kommentare zu neun Fragmenten Pindars sind Texte sui generis, die kein Vorbild haben und keine Nachahmung fanden. Den Sentenzen, Gnomen, poetischen Kurzdefinitionen Pindars läßt Hölderlin jeweils Kommentare folgen, die den Sinngehalt der Fragmente deuten, paraphrasieren, epistemologisch, poetologisch und geschichtsphilosophisch entfalten oder poetisch nachbilden. Das Verhältnis des übersetzenden Kommentars zum übersetzten Text ist das einer »Interlinearversion«.[57] Hölderlin realisiert eine Methode der Reflexion, die über die geläufige und künstliche Trennung zwischen der Prosa des philosophischen Begriffs und dem poetischen Ausdruck, als wäre dieser begriffslos, hinausgeht. Materialisiert wird eine Form jener schöpferischen Reflexion der Sprache, die Hölder-

[56] »Ich habe lange daran laborirt und weiß nun daß außer [...] dem lebendigen Verhältniß und Geschik [...] wir nicht wohl etwas gleich mit ihnen [den Griechen und ihren Kunstregeln] haben dürfen.« (Brief an Böhlendorff vom 4. Dec. 1801, SWB II, S. 912/13)

[57] Vgl. W. Benjamin, Die Aufgabe des Übersetzers, in: Ges. Schriften IV.1, Frankfurt/M. 1972, S. 21.

lin am Schluß von ›Wenn der Dichter einmal des Geistes mächtig ist …‹ für das poetische Geschäft als »poetische Prosa« reklamiert hat. Er setzt hier in den Kommentaren stärker den Akzent der begrifflichen Explikation (des poetisch Implizierten): den Akzent der »geschliffenen Schärfe des Verstandes« (vgl. ›Untreue der Weisheit‹).[58] In den ›Anmerkungen zur Antigonä‹ wird zwischen der »philosophischen Logik«, in der »Vorstellung und Empfindung und Räsonnement« isoliert und getrennt bestimmt würden, und der »poetischen Logik« unterschieden, die das Zusammenhängen dieser verschiedenen Vermögen des Menschen im Rhythmus der Vorstellungen reproduziert (vgl. S. 101). In den Kommentaren zu den Fragmenten Pindars bringt Hölderlin diese poetische Logik als Logik des Poetischen zur Darstellung.

Die Pindar-Fragmente bewegen sich in einem Denkraum »jenseits der Tragödie«.[59] Hölderlin denkt nicht mehr — wie in den Sophokles-Anmerkungen — den konstitutiven Prinzipien desjenigen nach, was er »Natur, in der Einwirkung Geschichte« nennt (vgl. ›Von der Fabel der Alten‹), wo »das Ungeheure, wie der Gott und der Mensch sich paart, und gränzenlos die Naturmacht und des Menschen Innerstes im Zorn Eins wird, dadurch sich begreift, daß das gränzenlose Eineswerden durch gränzenloses Scheiden sich reinigt.« (S. 100) Er löst sich im Kommentar Pindars aus der Verengung des Blicks auf die ursprüngliche Erscheinungsweise des Zeitraums der Geschichte in der Tragödie, wo die »unendliche Begeisterung unendlich, das heißt in Gegensäzen, im Bewußtseyn, welches das Bewußtseyn aufhebt, heilig sich scheidend, sich faßt, und der Gott in der

58 Den Zusammenhang zwischen poetisch Im- und begrifflich Expliziertem betont der Editionsvorschlag D. E. Sattlers, der die Pindar-Kommentare mit den 1804 erschienen »Nachtgesängen« zusammenfügt: vgl. synthesis. versuch einer dritten vermitttlung, in: Friedrich Hölderlin. Hg. v. H. L. Arnold u. A. Döhler, München 1996, S. 154–174.

59 Vgl. A. Seifert, »Die Asyle«. Überlegungen zu einer Interpretation des Hölderlinschen Pindarfragments, in: Jenseits des Idealismus, a.a.O., S. 177.

Gestalt des Todes gegenwärtig ist.« (S. 106) Er fragt – mit konziser Fügung der Reflexion, die wie improvisiert, d.h. spielendnatürlich erscheint – dem nach, was aus dem tragischen Übergang sich als Bedingung individuell gelebter Geschichte ergibt. Die Stichworte für diesen Geschichts- (und Sprach-)raum sich erhaltenden Bewußtseins und sich erhaltender Individualität lauten ›Ruhe, Gesetz, feste Satzung, Witterung und Treue‹. Von letzterer heißt es im Hinblick auf den Gegenstand, von dem Philosophie ihren Namen hat, daß Klugheit die »Kunst [ist], unter verschiedenen Umständen getreu zu bleiben.« (S. 111) »Treue« ist etwas, was sich in der und aus Verschiedenheit erhält. Treue ist jene Form der Identität, die sich aus dem Sinn der Erinnerung ergibt. Die lebensgeschichtliche Bedeutung oder Dimension dieses Sinns der Erinnerung formuliert Hölderlin am Schluß des Kommentars von ›Die Asyle‹: »Themis, die ordnungsliebende, hat die Asyle des Menschen, die stillen Ruhestätten geboren, denen nichts Fremdes ankann, weil an ihnen das Wirken und das Leben der Natur sich konzentrirte, und ein Ahnendes um sie, wie erinnernd, dasselbige erfähret, das sie vormals erfuhren.« (S. 116) Den Erfahrungsweg, der über die »göttliche Untreue« tragischer Unmittelbarkeit hinausführt und hinter dem das tragische Opfer des Individuellen zurückbleibt, hat Hölderlin an ›Oedipus‹ und ›Antigonä‹ als Übergang zum Hesperischen gedeutet, wo »an den Spuren der alten Zucht, der Gott und der Mensch sich wiedererkennt, und in Erinnerung ursprünglicher Noth froh ist da, wo er sich halten kann.« (S. 116) Es ist dieser durch den Zeitsinn Erinnerung gestiftete Geschichtsraum, den die Pindar-Fragmente reflektieren. Etwa der Kommentar zu ›Von der Ruhe‹, der die Tragödientheorie der Sophokles-Anmerkungen in Abbreviatur formuliert und auf den epochalen Übergang der Tragödie im Horizont historischer Zeit zurückblickt. In Parenthese zum Hauptsatz, daß die Gesetze aus dem »Karakter des jeweiligen Schicksaals eines Vaterlandes«, d.h. aus den Gewaltverhältnissen, die sie beruhigen, zu begreifen sind, trifft Hölderlin im Rückblick auf das tragische Zeitalter bei den »griechischen Natursöhnen« (vgl. S. 112) folgende Unterscheidungen. Deren

Schicksal sei »reißender, königlicher, usurpatorischer« gewesen im Unterschied zu den »Menschen von Erziehung« nachtragischer Zeit, in der das Schicksal »stetiger, gesammter und erfahrener« scheint (vgl. S. 112/113). Gesetze sind das Mittel, um das Schicksal »in seiner Ungestörtheit festzuhalten«, d.h. nicht zerstörend werden zu lassen. Sie fassen sich in origineller (= ursprünglicher) Weise bei den griechischen »Fürsten« und als »Nachahmung für den eigentlicheren Bürger«. Die »stille Witterung der Ruhe«, das tertium comparationis für tragische und humane Zeit, ist es, was als historische und als politische Vernunft gefunden und wiederholt werden will.

Die Bedeutung des Gesetzes der Vermittlung, die geschichtlich diesseits des Übermaßes tragischer Unmittelbarkeit und Naturmacht hält, formuliert das Stück ›Das Höchste‹. Strenger noch als in ›Von der Ruhe‹ denkt Hölderlin »Das Höchste« in Kontraposition zur Tragödie. »Das Unmittelbare, streng genommen, ist für die Sterblichen unmöglich, wie für die Unsterblichen«, heißt es entschieden (vgl. S. 113). Unmittelbarkeit aber war die Kernbestimmung der Tragödie (vgl. S. 100/101; 106). Hölderlins Kommentar des in Platons ›Gorgias‹ überlieferten Pindar-Zitats enthält vier (Haupt-)Thesen und deren Begründung. Das Verfahren, das Hölderlin dabei wählt, gleicht er dem kommentierten bzw. explizierten Gegenstand an. Diese Koinzidenz von Reflexionsform und Reflexionsgegenstand zeichnet im übrigen alle neun Stücke aus. In diesem Fall ist es die Strenge der Logik, die die genannten Thesen Schritt für Schritt und philosophischer Beweisführung analog erklärt. These 1 — die Hauptthese der Unmöglichkeit des Unmittelbaren für die Sterblichen wie Unsterblichen — geht vom neuplatonischen Gedanken des Einen in seiner mittelalterlich-christlichen Fassung aus.[60] Das ›Eine‹ unterscheidet sich dadurch vom ›Verschiedenen‹, daß es die Denkbewegung ist, die den Unterschied des Einen vom Verschiedenen selbst negiert. Soll es so gedacht werden — und es kann nur so gedacht werden, will man sich nicht in den Selbstwiderspruch verwickeln, Einheit als Gegensatz des

[60] Vgl. Anm. 10 und 11.

Verschiedenen zu denken (also wie Verschiedenes) –, so setzt seine Einheit (die »unvermischte himmlische Güte«) verschiedene Welten voraus. Dieses zunächst ontologisch vorgetragene Argument — »der Gott muß verschiedene Welten unterscheiden« — ist bewußtseinstheoretisch verankert. Der Mensch ist der Erkennende der Natur, als deren schöpferischen Grund er, in Hölderlins Redeweise, den Gott denkt. »Erkenntniß« — aufgegriffen wird damit der Grundgedanke von ›Seyn, Urtheil, ...‹ — »ist nur durch Entgegensezung möglich«. Diese erkenntnistheoretische Einsicht gilt für jede Erkenntnis, es betrifft die Bedingung der Möglichkeit des Erkennens. Verschiedenheit und Entgegensetzung können weder ontologisch noch erkenntnistheoretisch — durch die Rückführung auf ein Unvordenkliches etwa — aufgelöst werden. Solche Auflösung wäre die des Individuellen. Deswegen ist »das Unmittelbare, streng genommen, für die Sterblichen unmöglich, wie für die Unsterblichen«. Es wäre immer ein gedachtes Unmittelbares. Entgegensetzung und Mittelbarkeit gehören zusammen. Daraus folgt These 2: Möglich — d.h. denkbar, weil Denken Entgegensetzung voraussetzt und reproduziert — ist nur das Mittelbare. In »strenger« (logischer, von jedem besonderen Fall absehender) Form ist diese »Mittelbarkeit das Gesez«. Weil dieses Gesetz strenge Mittelbarkeit ist — nichts Unmittelbares — braucht es eine »Gestalt« (= These 3). Hölderlin nennt sie »Zucht« und erklärt sie als »der Kirche und des Staats Gesez und anererbte Sazungen«, die »das gerechteste Recht mit allerhöchster Hand« führt. Es erscheint seiner Wirklichkeit nach in den geschichtlich kodifizierten Formen der Gewaltregelung. Diese institutionellen Formen halten »strenger als die Kunst« die Verhältnisse fest, in denen »ein Volk mit der Zeit sich begegnet«. Bedeutsam ist die Schlußthese 4. Der Grund der Gesetze ist die Notwendigkeit von Gewaltregelung. Das »Höchste« ist nicht die höchste Form von Gewalt oder Macht, sondern das »Zeichen für den höchsten Erkenntnißgrund«, das ist die Erkenntnis des Grundes und der Notwendigkeit der die Mittelbarkeit geschichtlicher Existenz führenden und erhaltenden Gesetze und Satzungen.

Das vielleicht schönste der Pindar-Fragmente ist das ›Vom Delphin‹. Es handelt vom Naturcharakter der Logik des Poetischen. In der »Witterung der Musen« findet sich der in sich gegenläufige Sinn des »Gesangs der Natur« wieder. Er ist erfahren und zugleich erahnt. Es ist die »stille Witterung« der Ruhe, wie Hölderlin »εὐδίᾳ« in ›Von der Ruhe‹ übersetzt. »Um diese Zeit giebt jedes Wesen seinen Ton an«: Es unterscheidet sich und gibt sich eine zeitliche Bestimmung. ›Gesang‹ (μέλος) bildet sich im Vorübergehen der Töne. Seine »Treue« gibt ein jedes Wesen in der individuellen Eigenart an, in der die vorübergehenden Töne, in denen es sich artikuliert, zusammenstimmen. Durch »die Art, wie eines in sich selbst zusammenhängt«, zeigt und äußert es sich als »Eines in der Verschiedenheit«.[61] In der individuellen Art des Antwortens findet der »Gesang«, d.h. die ursprüngliche Sprachlichkeit der Natur ihre Entsprechung. »Nur der Unterschied der Arten macht dann die Trennung«. Die Stimme, der Ton, den sie findet, läßt den stillschweigenden Anspruch der Natur, dem der artikulierte Laut als sinnliche Form versagt ist, beredt werden — durch »Trennung«, d.h. Individuation. Die günstigste Zeit für diesen Übersetzungsvorgang, in dem die stumme Sprache der Natur individuell — d.h. nach Art und durch Trennung — sich erhält, faßt Hölderlin mit dem Bild des »wellenlosen Meeres«.[62] Das »Echo des Wachstums« ist jene prinzipielle Sprachlichkeit, die »in der Witterung der Musen« gefühlt wird. Echo ist Antwort allein. Es muß in Stimme oder Gesang oder durch den »Accent des Bedürfnisses« als Sprache reflektiert, d.h. gebrochen werden. Die Notwendigkeit dieser Brechung akzentuiert

61 Vgl. »das εν διαφερον εαυτῳ (das Eine in sich selber Unterschiedne) des Heraklit«, das Hölderlin im ›Hyperion‹ zitiert (vgl. Anm. 5).

62 An dem Bild des beruhigten Meeres wird deutlich, daß Hölderlin die Sphäre, die er in den Pindar-Kommentaren denkt, als der Welt tragischer Unmittelbarkeit — dem Zorn im Unterschied zur »stillen Witterung der Musen« — entronnen denkt. Freilich enthält sie die tragische Unmittelbarkeit des Untergangs erzitternd in sich (vgl. ›Die Asyle‹).

Hölderlin mit der »Pfeife der Tritonen«. Nur in der Brechung der Stille wird die prinzipielle Sprachlichkeit des Gesangs der Natur vernehmbar. Darin gründet die, sit venia verbo, natürliche Logik des Poetischen.

ZUR EDITION

Als Textgrundlage dient: Friedrich Hölderlin. Sämtliche Werke »Frankfurter Ausgabe«. Historisch-Kritische Ausgabe (= FHA), hg. v. D.E. Sattler (u.a.), Frankfurt/M. 1975 ff.; Bd. 12/13: Empedokles, 1985; Bd. 14: Entwürfe zur Poetik, 1979; Bd. 15: Pindar, 1987; Bd. 16: Sophokles, 1988; Bd. 17: Frühe Aufsätze und Übersetzungen, 1991; Supplement II: Stuttgarter Foliobuch, 1989; Supplement III: Homburger Folioheft, 1986.

In einigen Fällen weicht die Textkonstitution von der in der FHA ab. Diese divergenten Textkonstitutionen, die auf den Faksimiles und Faksimiledrucken in der FHA beruhen, sind jeweils in den Anmerkungen vermerkt. Verglichen wurden außerdem: Friedrich Hölderlin, Sämtliche Werke. Große Stuttgarter Ausgabe, hg. v. F. Beißner (u.a.), Stuttgart 1943-1985 (= StA). — Friedrich Hölderlin, Sämtliche Werke und Briefe, hg. v. M. Knaupp, München 1992–1993 (= SWB). — Friedrich Hölderlin, Sämtliche Werke und Briefe, hg. v. J. Schmidt, Frankfurt/M. 1992–1994 (= DKA).

AUSWAHLBIBLIOGRAPHIE

I. Gesamtausgaben

Hölderlin. Sämtliche Werke. Stuttgarter Hölderlin-Ausgabe, hg. v. F. Beißner. Große Stuttgarter Ausgabe. Bd. 1–8 (Bd. 6/7, hg. v. A. Beck, Bd. 8 hg. v. A. Beck u. U. Oelmann), Stuttgart 1943–1985.

Friedrich Hölderlin. Sämtliche Werke. »Frankfurter Ausgabe«. Historisch-Kritische Ausgabe, hg. v. D.E. Sattler, Frankfurt/M. 1975 ff.; Erschienen sind: Bd. 1, 2, 3, 4/5, 6, 9, 10/11, 12/13, 14, 15, 16, 17, 18, Supplement II: Stuttgarter Foliobuch; Supplement III: Homburger Folioheft.

Friedrich Hölderlin. Sämtliche Werke und Briefe. Hg. v. M. Knaupp, München 1992–1993.

Friedrich Hölderlin. Sämtliche Werke und Briefe. Hg. v. J. Schmidt, Frankfurt/M. 1992–1994.

II. Sekundärliteratur

a) Periodika, Hilfsmittel

Hölderlin-Jahrbuch. Begründet v. Fr. Beißner u. P. Kluckhohn, Stuttgart (u.a.) 1944 ff. (Bd.1: ›Iduna‹).

Le pauvre Holterling. Blätter zur Frankfurter Ausgabe, Frankfurt/M. 1976 ff.

Turm-Vorträge. Hg. v. U. Hölscher u. V. Lawitschka, Tübingen 1986 ff.

Internationale Hölderlin-Bibliographie. Hg. v. Hölderlin-Archiv der Württembergischen Landesbibliothek Stuttgart. 1. Ausg. 1804–1983, bearb. v. M. Kohler, Stuttgart 1985.

Internationale Hölderlin-Bibliographie auf der Grundlage der Neuerwerbungen des Hölderlin-Archivs der Württembergischen Landesbibliothek 1984 ff., hg. v. Hölderlin-Archiv, bearb. v. W.P. Sohnle u. M. Schütz, 1991 ff. (erscheint zweijährl.).

b) Sammelbände

Hölderlin. Gedenkschrift zu seinem 100. Todestag, 7. Juni 1943, hg. v. P. Kluckhohn, Tübingen 1943.
Hölderlin. Beiträge zu seinem Verständnis in unserm Jahrhundert. Hg. v. A. Kelletat, Tübingen 1961.
Über Hölderlin. Hg. v. J. Schmidt, Frankfurt/M. 1970.
Hölderlin. Transzendentale Reflexion der Poesie. Mit einer Einf. v. F. Martini hg. v. H. Bachmaier, T. Horst, P. Reisinger, Stuttgart 1979.
Homburg v.d.H. in der deutschen Geistesgeschichte, hg. v. C. Jamme u. O. Pöggeler, Stuttgart 1981.
Frankfurt aber ist der Nabel der Erde. Das Schicksal einer Generation der Goethezeit, hg. v. C. Jamme u. O. Pöggeler, Stuttgart 1983.
Poetische Autonomie? Zur Wechselwirkung von Dichtung und Philosophie in der Epoche Goethes und Hölderlins, hg. v. H. Bachmaier u. T. Rentsch, Stuttgart 1987.
Idealismus und Aufklärung. Hg. v. C. Jamme u. G. Kurz, Stuttgart 1988.
Jenseits des Idealismus. Hölderlins letzte Homburger Jahre (1804–1806), hg. v. C. Jamme u. O. Pöggeler, Bonn 1988.
Hölderlin Texturen 2. Das »Das Jenaische Project«. Wintersemester 1794/95. Hg. v. d. Hölderlin-Gesellschaft, Tübingen 1995.
Hölderlin Texturen 3. »Gestalten der Welt«. Frankfurt 1796–1798, Hg. v. d. Hölderlin-Gesellschaft, Tübingen 1996.
Text und Kritik. Sonderband Friedrich Hölderlin, München 1996.

c) Monographien / Aufsätze [1]

Adorno, T.W., Parataxis. Zur späten Lyrik Hölderlins, jetzt in: Gesammelte Schriften 11, Frankfurt/M. 1974, 447–491.
Bachmaier, H., Der Begriff der Erinnerung bei Hölderlin, Stuttgart (msch.schr.) 1983.
Beißner, F., Reden und Aufsätze, Köln (u.a.) ²1969.
Benjamin, W., Zwei Gedichte von Friedrich Hölderlin, jetzt in: Gesammelte Schriften Bd. II, Frankfurt/M. 1977.
Bennholdt-Thomsen, A., Stern und Blume, Bonn 1967.

[1] Aufsätze, die in den unter a) und b) genannten Periodika, Hilfsmitteln und Sammelbänden enthalten sind, sind nicht einzeln aufgeführt.

Bertaux, P., Friedrich Hölderlin, Frankfurt/M. 1978.
Binder, W., Hölderlin-Aufsätze, Frankfurt/M. 1970.
ders., Friedrich Hölderlin. Studien, hg. v. E. Binder u. K. Weimar, Frankfurt/M. 1987.
Birkenhauer, Th., Legende und Dichtung. Der Tod des Philosophen und Hölderlins Empedokles, Berlin 1996.
Böckmann, P., Hölderlin und seine Götter, München 1935.
Böschenstein, B., Frucht des Gewitters. Zu Hölderlins Dionysos als Gott der Revolution, Frankfurt/M. 1989.
Brenner, H., Die Erfahrungsweise des poetischen Geistes. Eine Untersuchung zur Dichtungstheorie Hölderlins, Berlin (msch.schr.) 1952.
Buhr, G., Hölderlins Mythenbegriff, Frankfurt/M. 1972.
Cassirer, E., Hölderlin und der deutsche Idealismus, in: Idee und Gestalt, Berlin 1921 (ND Darmstadt 1971).
Constantine, D., Hölderlin, Oxford (Clarendon Press) 1988.
Dilthey, W., Das Erlebnis und die Dichtung. Lessing, Goethe, Novalis, Hölderlin, Leipzig (u.a.) ^{4}1912 (= ND Leipzig 1989).
Fink, M., Pindarfragmente. Neun Hölderlin-Deutungen, Tübingen 1982.
Franz, M., Das System und seine Entropie. »Welt« als philosophisches und theologisches Problem in den Schriften Friedrich Hölderlins, Saarbrücken (msch.schr.) 1982.
Gadamer, G., Über leere und erfüllte Zeit, jetzt in: Gesammelte Werke Bd. 4, Tübingen 1987.
Ders., Dichten und Denken im Spiegel von Hölderlins ›Andenken‹, in: Gesammelte Werke Bd. 9, Tübingen 1993.
Gaier, U., Der gesetzliche Kalkül. Hölderlins Dichtungslehre, Tübingen 1962.
ders., Hölderlin. Eine Einführung, Tübingen (u.a.) 1993.
Harris, H.S., Hegel und Hölderlin, in: Der Weg zum System, hg. v. C. Jamme u. H. Schneider, Frankfurt/M. 1990.
Hegel, H., Isaak v. Sinclair zwischen Fichte, Hölderlin und Hegel, Frankfurt/M. 1971.
Heidegger, M., Erläuterungen zu Hölderlins Dichtung, Frankfurt/M. ^{5}1981.
Heise, W., Hölderlin. Schönheit und Geschichte, Weimar 1988.
Henrich, D., Hegel und Hölderlin, in: Hegel im Kontext, Frankfurt/M. 1971.
ders., Konstellationen, Stuttgart 1991.
ders., Der Grund im Bewußtsein, Stuttgart 1992.
Hoffmeister, J., Hölderlin und Hegel, Tübingen 1931.

Hölscher, U., Empedokles und Hölderlin, Frankfurt/M. 1965.
Hühn, H., Mnemosyne: Zeit und Erinnerung in Hölderlins Denken, Stuttgart 1997.
Isberg, J., Hölderlin in Homburg 1798–1800. Das Werk und der Wandel des Weltbildes, Hamburg (msch.schr.) 1954.
Jähnig, D., Vorstudien zur Erläuterung von Hölderlins Homburger Aufsätzen, Tübingen (msch.schr.) 1955.
Jamme, C., ›Ein ungelehrtes Buch‹. Die philosophische Gemeinschaft zwischen Hegel und Hölderlin in Frankfurt 1797–1800, Bonn 1983.
Kalász, C., Hölderlin. Die poetische Kritik instrumenteller Rationalität, München 1988.
Kirchner, W., Hölderlin. Aufsätze zu seiner Homburger Zeit, hg. v. A. Kelletat, Göttingen 1967.
Kommerell, M., Hölderlin, in: Der Dichter als Führer in der deutschen Klassik, Berlin 1928.
Kondylis, P., Die Entstehung der Dialektik. Eine Analyse der geistigen Entwicklung von Hölderlin, Schelling und Hegel, Stuttgart 1979.
Konrad, M., Hölderlins Philosophie im Grundriß, Bonn 1967.
Kreuzer, J., Erinnerung. Zum Zusammenhang von Hölderlins theoretischen Fragmenten ›Das untergehende Vaterland ...‹ und ›Wenn der Dichter einmal des Geistes mächtig ist ...‹, Königstein/Ts. 1985.
Kurz, G., Mittelbarkeit und Vereinigung. Zum Verhältnis von Poesie, Reflexion und Revolution bei Hölderlin, Stuttgart 1975.
ders., Poetik und Geschichtsphilosophie der Tragödie, in: Text und Kontext 5 (1977), Heft 2.
Liebrucks, B., Sprache und Bewußtsein. Bd. 7: »Und«. Die Sprache Hölderlins in der Spannweite von Mythos und Logos, Bern (u.a.) 1979.
Lönker, F., Welt in der Welt. Eine Untersuchung zu Hölderlins ›Verfahrungsweise des poetischen Geistes‹, Göttingen 1989.
Lypp, B., Poetische Religion. Hölderlins Kunstauffassung, in: ders., Die Erschütterung des Alltäglichen, München 1991.
Michel, W., Das Leben Friedrich Hölderlins, Bremen 1940 (ND Frankfurt/M. 1967).
Mieth, G., Friedrich Hölderlin. Dichter der bürgerlich-demokratischen Revolution, Berlin 1978.
Mögel, E., Natur als Revolution. Hölderlins Empedokles-Tragödie, Stuttgart (u.a.) 1994.
Mythologie der Vernunft. Hegels »ältestes Systemprogramm des deutschen Idealismus«. Hg. v. C. Jamme u. H. Schneider, Frankfurt/M. 1984.

Nägele, R., Text, Geschichte und Subjektivität in Hölderlins Dichtung: »Uneßbarer Schrift gleich«, Stuttgart 1985.

Pöggeler, O., Philosophie im Schatten Hölderlins, in: Der Idealismus und seine Gegenwart (= FS W. Marx), hg. v. U. Guzzoni u.a., Hamburg 1976.

Prignitz, C., Friedrich Hölderlin. Die Entwicklung seines politischen Denkens unter dem Einfluß der Französischen Revolution, Hamburg 1976.

Reinhardt, K., Hölderlin und Sophokles, in: Die Krise des Helden. Beiträge zur Lit.- und Geistesgeschichte, München 1962.

Reschke, R., Geschichtsphilosophie und Ästhetik bei Friedrich Hölderlin, Berlin (msch.schr.) 1970.

Ryan, L., Hölderlins Lehre vom Wechsel der Töne, Stuttgart 1960.

Sattler, D.E., 144 fliegende Briefe, Darmstadt (u.a.) 1981.

Schadewaldt, W., Einleitung zu: Sophokles. Tragödien. Deutsch v. Fr. Hölderlin, Frankfurt/M. 1957.

Schmidt, J., Hölderlins geschichtshilosophische Hymnen ›Friedensfeier‹ ›Der Einzige‹ — ›Patmos‹, Darmstadt 1990.

Seifert, A., Untersuchungen zu Hölderlins Pindar-Rezeption, München 1982.

Söring, J., Die Dialektik der Rechtfertigung, Frankfurt/M. 1972.

Strack, F., Ästhetik und Freiheit, Tübingen 1976.

Szondi, P., Versuch über das Tragische, Frankfurt/M. 1964.

ders., Hölderlin-Studien, Frankfurt/M. 1970.

ders., Poetik und Geschichtsphilosophie I+II, Frankfurt/M. 1974.

Thomasberger, A., Von der Poesie der Sprache, Frankfurt/M. (u.a.), 1982.

Wackwitz, S., Hölderlin, Stuttgart 1985.

Wegenast, M., Hölderlins Spinoza-Rezeption und ihre Bedeutung für die Konzeption des ›Hyperion‹, Tübingen 1990.

Wöhrmann, K.R., Hölderlins Wille zur Tragödie, München 1967.

Johann Christian Friedrich Hölderlin

Theoretische Schriften

FRÜHSCHRIFTEN

* Es giebt einen Naturzustand ...

* Es giebt einen Naturzustand der Einbildungskraft, der mit jener Anarchie der Vorstellungen, die der Verstand organisirte, zwar die Gesezlosigkeit gemein hat, aber in Rüksicht auf das Gesez, durch das er geordnet werden soll, von jenem wohl unterschieden werden muß.

Ich meine unter diesem Naturzustande der Einbildungskraft, unter dieser Gesezlosigkeit die moralische, unter diesem Geseze, das Gesez der Freiheit.

Dort wird die Einbildungskraft an und für sich, hier in Verbindung mit dem Begehrungsvermögen betrachtet.

In jener Anarchie der Vorstellungen wo die Einbildungskraft theoretisch betrachtet wird, war zwar eine Einheit des Mannigfaltigen, Ordnung der Warnemungen möglich, aber zufällig.

In diesem Naturzustande der Phantasie, wo sie in Verbindung mit dem Begehrungsvermögen betrachtet wird, ist zwar moralische Gesezmäsigkeit möglich, aber zufällig.

Es giebt eine Seite des empirischen Begehrungsvermögens, die Analogie dessen, was Natur heißt, die am auffallendsten ist, wo das notwendige mit der Freiheit, das Bedingte mit dem Unbedingten, das Sinnliche mit dem Heiligen sich zu verbrüdern
* scheint, eine natürliche Unschuld, man möchte sagen eine Moralität des Instinkts, und die ihm gleichgestimmte Phantasie ist himmlisch.

Aber dieser Naturzustand hängt als ein solcher auch von Natururshachen ab.

Es ist ein bloses Glück, so gestimmt zu sein.

Wäre das Gesez der Freiheit nicht, unter welchem das Begehrungsvermögen zusamt der Phantasie stände, so würde es niemals einen vesten Zustand geben, der demjenigen gliche, der so eben angedeutet worden ist, wenigstens würde es nicht von uns abhängen, ihn vestzuhalten. Sein Gegenteil würde eben so stattfinden, ohne daß wir es hindern könnten.

Das Gesez der Freiheit aber *gebietet*, one alle Rüksicht auf die Hülfe der Natur. Die Natur mag zu Ausübung desselben förderlich sein, oder nicht, es gebietet. Vielmer sezt es einen Widerstand in der Natur voraus, sonst würde es nicht *gebieten*. * Das erstemal, daß das Gesez der Freiheit sich an uns äußert, erscheint es strafend. Der Anfang all' unsrer Tugend geschieht vom Bösen. Die Moralität kann also niemals der Natur anvertraut werden. Denn wenn die Moralität auch nicht aufhörte Moralität zu sein, so bald die Bestimmungsgründe in der Natur und nicht in der Freiheit liegen, so wäre doch die Legalität, die durch blose Natur hervorgebracht werden könnte, ein ser unsicheres, nach Zeit und Umständen wandelbares Ding. So wie die Naturursachen anders bestimmt würden, würde diese Legalität

Über den Begriff der Straffe

* Über den Begriff der Straffe

* Es scheint, als wäre die Nemesis der Alten nicht sowohl um ihrer Furchtbarkeit als um ihres geheimnisvollen Ursprungs willen als eine Tochter der Nacht dargestellt worden.

* Es ist das nothwendige Schiksaal aller Feinde der Principien, daß sie mit allen ihren Behauptungen in einen Cirkel gerathen. (Beweis). Im gegenwärtigen Falle würd' es bei ihnen lauten: »Straffe ist das Leiden rechtmäßigen Widerstands und die Folge böser Handlungen. Böse Handlungen sind aber solche, worauf Straffe folgt. Und Straffe folgt da wo böse Handlungen sind. Sie könnten unmöglich ein für sich bestehendes Kriterium der bösen Handlung angeben. Denn, wenn sie konsequent sind muß nach ihnen die Folge den Werth der That bestimmen. Wollen sie diß vermeiden, so müssen sie vom Princip ausgehen. Thun sie diß nicht, und bestimmen sie den Werth der That nach ihren Folgen, so sind diese Folgen — moralisch betrachtet — in nichts Höherem begründet, und die Rechtmäsigkeit des Widerstands ist nichts mehr, als ein Wort, Strafe ist eben Strafe, und wenn mir der Mechanism oder der Zufall oder die Willkür, wie man will, etwas unangenemes zufügt, so weiß ich, daß ich bösgehandelt habe, ich habe nun weiter nichts mehr zu fragen, was geschiehet, geschiehet von Rechts wegen, weil es geschiehet.

Nun scheint es zwar, als ob wirklich so etwas der Fall wäre, da wo der ursprüngliche Begriff der Straffe stattfindet, in dem moralischen Bewußtsein. Da kündet sich uns nemlich das Sittengesez negativ an, und kann, als unendlich, sich nicht anders uns ankündigen. Im Factum ist aber das Gesez thätiger Wille, denn ein Gesez ist nicht thätig, es ist nur die vorgestellte Thätigkeit. Dieser thätige Wille muß gegen eine andre Thätigkeit des Willens gehen. Wir sollen etwas nicht wollen, das ist seine unmittelbare Stimme an uns. Wir müssen also etwas wollen, dem das Sittengesez sich entgegensezt. Was das Sittengesez ist wußten wir aber weder zuvor ehe es sich unserem Willen entgegensezte, noch wissen wir es jetzt da es sich uns entgegensezt, wir leiden nur seinen Widerstand, als die Folge von dem, daß wir etwas wollten, das dem Sittengesez entgegen ist, wir bestimmen nach dieser Folge den Werth unseres Wollens, weil wir Widerstand litten betrachten wir unsern Willen als böse, wir können die Rechtmäsigkeit jenes Widerstandes, wie es scheint, nicht weiter untersuchen, und wenn diß der Fall ist, so kennen wir ihn nur daran, daß wir leiden; er unterscheidet sich nicht von jedem andern Leiden, und mit eben dem Rechte, womit ich vom Widerstande, den ich den Widerstand des Sittengesezes nenne, auf einen bösen Willen schließe, schließe ich von jedem erlittnen Widerstande auf einen bösen Willen. Alles Leiden ist Strafe.

Es ist aber ein Unterschied zwischen dem Erkenntnisgrunde * und Realgrunde.[1] Es ist nichts weniger, als identisch wenn ich das Eine mal sage: ich erkenne das Gesez an seinem Widerstande, und das andre mal: ich erkenne das Gesez um seines Widerstandes willen an. Die sind den obigen Cirkel zu machen genötiget, für die der Widerstand des Gesezes Realgrund des Gesezes ist. Für sie findet das Gesez gar nicht statt, wenn sie nicht seinen Widerstand erfahren, ihr Wille ist nur darum gesezwidrig, weil sie diese Gesezwidrigkeit empfinden; leiden sie keine Strafe, so sind sie auch nicht böse. Strafe ist, was auf das Böse folgt. Und bös' ist, worauf Strafe folgt.

Es scheint dann aber doch mit der Unterscheidung, zwischen dem Erkentnisgrunde und Realgrunde wenig geholfen zu seyn. Wenn der Widerstand des Gesezes gegen meinen Willen Straffe ist und ich also an der Straffe erst das Gesez erkenne, so fragt sich, einmal: kann ich an der Straffe das Gesez erkennen? Und dann: kann ich bestraft werden für die Übertretung eines Gesezes das ich nicht kannte?

Hierauf kann geantwortet werden, daß man, insofern man sich als bestraft betrachte, nothwendig die Übertretung des Gesezes in sich vorausseze, daß man in der Straffe, insofern man sie als Strafe beurtheile, nothwendig des

[1] ideal ohne Straffe kein Gesez / real ohne Gesez keine Straffe.

* ## Seyn, Urtheil, …

Seyn —, drükt die Verbindung des Subjects und Objects aus.
Wo Subject und Object schlechthin, nicht nur zum Theil vereiniget ist, mithin so vereiniget, daß gar keine Theilung vorgenommen werden kan, ohne das Wesen desjenigen, was getrennt werden soll zu verlezen, da und sonst nirgends kann von ei-
* nem *Seyn schlechthin* die Rede seyn, wie es bei der intellectualen Anschauung der Fall ist.

* Aber dieses Seyn muß nicht mit der Identität verwechselt werden. Wenn ich sage: Ich bin Ich, so ist das Subject (Ich) und das Object (Ich) nicht so vereiniget, daß gar keine Trennung vorgenommen werden kann, ohne, das Wesen desjenigen, was getrennt werden soll, zu verlezen; im Gegenteil das Ich ist nur durch diese Trennung des Ichs vom Ich möglich. Wie kann ich sagen: Ich! Ohne Selbstbewußtseyn? Wie ist aber Selbstbewußtseyn möglich? Dadurch daß ich mich mir selbst entgegenseze, mich von mir selbst trenne, aber ungeachtet dieser Trennung mich im entgegengesezten als dasselbe erkenne. Aber in wieferne als dasselbe? Ich kann, ich muß so fragen; denn in einer andern Rüksicht ist es sich entgegengesezt. Also ist die Identität keine Vereinigung des Objects und Subjects, die schlechthin stattfände, also ist die Identität nicht = dem absoluten Seyn.

Urtheil. ist im höchsten und strengsten Sinne die ursprüngliche Trennung des in der intellectualen Anschauung innigst vereinigten Objects und Subjects, diejenige Trennung, wodurch erst Object und Subject möglich wird, die Ur=Theilung. Im Begriffe der Theilung liegt schon der Begriff der gegenseitigen Beziehung des Objects und Subjects aufeinander, und die nothwendige Voraussezung eines Ganzen wovon Object und Subject die Theile sind. »*Ich bin Ich*« ist das passendste Beispiel
* zu diesem Begriffe der Ur=theilung, als *Theoretischer* Urtheilung, denn in der praktischen Urtheilung sezt es sich dem *Nichtich*, *nicht sich selbst* entgegen.

Wirklichkeit und Möglichkeit ist unterschieden, wie mittelbares und unmittelbares Bewußtsein. Wenn ich einen Gegenstand als möglich denke, so wiederhohl' ich nur das vorhergegangene Bewußtseyn, kraft dessen er wirklich ist. Es giebt für uns keine denkbare Möglichkeit, die nicht Wirklichkeit war. Deswegen gilt der Begriff der Möglichkeit auch gar nicht von den Gegenständen der Vernunft, weil sie niemals als das, was sie seyn sollen im Bewußtseyn vorkommen, sondern nur der Begriff der Nothwendigkeit. Der Begriff der Möglichkeit gilt von den Gegenständen des Verstandes, der der Wirklichkeit von den Gegenständen der Warnemung und Anschauung.

* Hermokrates an Cephalus

* Hermokrates an Cephalus

Du glaubst also im Ernste, das Ideal des Wissens könnte wohl in irgend einer bestimmten Zeit in irgend einem Systeme dargestellt erscheinen?

Du glaubst sogar, diß Ideal sei jezt schon wirklich geworden, und es fehle zum Jupiter Olympius nichts mehr als das Piedestal?

Vieleicht! besonders, nachdem man das leztere nimmt! Aber wunderbar wär es dann doch, wenn gerade diese Art des sterblichen Strebens ein Vorrecht hätte, wenn gerade hier die Vollendung, die jedes sucht und keines findet, vorhanden wäre?

Ich glaubte sonst immer, der Mensch bedürfe für sein Wissen, wie für sein Handeln eines unendlichen Fortschritts, einer gränzenlosen Zeit, um dem gränzenlosen Ideale sich zu nähern; ich nannte die Meinung, als ob die Wissenschaft in einer bestimmten Zeit vollendet werden könnte, oder vollendet
* wäre, einen scientivischen Quietismus, der Irrtum wäre in jedem Falle, er mochte sich bei einer individuell bestimmten Gränze begnügen, oder die Gränze überhaupt verläugnen, wo sie doch war, aber nicht seyn sollte.

Das war aber freilich unter gewissen Voraussezungen möglich, die du mir zu seiner Zeit mit aller Strenge in Anspruch nehmen sollst. Inzwischen laß mich doch fragen, ob denn wirklich die Hyperbel mit ihrer Asymptote vereinigt, ob der Übergang vom

halten muß, und diesen und nichts anders meint und muß er meinen, wenn er von einer Gottheit redet und von Herzen und nicht aus einem dienstbaren Gedächtniß oder aus Profession spricht. Der Beweis liegt in wenigen Worten. Weder aus sich selbst allein, noch einzig aus den Gegenständen, die ihn umgeben, kann der Mensch erfahren, daß mehr als Maschinengang, *
daß ein Geist, ein Gott, ist in der Welt, aber wohl in einer lebendigeren, über die Nothdurft erhabnen Beziehung, in der er stehet mit dem was ihn umgiebt.

Und jeder hätte demnach seinen eigenen Gott, in so ferne jeder seine eigene Sphäre hat, in der er wirkt und die er erfährt, und nur in so ferne mehrere Menschen eine gemeinschaftliche Sphäre haben, in der sie menschlich, d.h. über die Nothdurft erhaben wirken und leiden, nur in so ferne haben sie eine gemeinschaftliche Gottheit; und wenn es eine Sphäre giebt, in der zugleich alle Menschen leben, und mit der sie in mehr als nothdürftiger Beziehung sich fühlen, dann, aber auch nur in so ferne, haben sie alle eine gemeinschaftliche Gottheit.

Es muß aber hiebei nicht vergessen werden, daß der Mensch sich wohl auch in die Lage des andern versezen, daß er die Sphäre des andern zu seiner eigenen Sphäre machen kann, daß es also dem einen, natürlicher weise, nicht so schwer fallen kann, die Empfindungsweise und Vorstellung zu billigen von Göttlichem, die sich aus den besondern Beziehungen bildet, in denen er mit der Welt steht – wenn anders jene Vorstellung nicht aus einem leidenschaftlichen übermüthigen oder knechtischen Leben hervorgegangen ist, woraus dann immer auch eine gleich nothdürftige, leidenschaftliche Vorstellung von dem Geiste, der in diesem Leben herrsche, sich bildet, so daß dieser Geist immer die Gestalt des Tyrannen oder des Knechts trägt. Aber auch in einem beschränkten Leben kann der Mensch unendlich leben, und auch die beschränkte Vorstellung einer Gottheit, die aus seinem Leben für ihn hervorgeht, kann eine unendliche seyn. Ausführung.

Also, wie einer die beschränkte aber reine Lebensweise des
andern billigen kann, so kann er auch die beschränkte, aber rei-
ne Vorstellungsweise billigen, die der andere von Göttlichem
hat. Es ist im Gegentheil Bedürfniß der Menschen, so lange sie
nicht gekränkt und geärgert, nicht gedrükt und nicht empört
in gerechtem oder ungerechtem Kampfe begriffen sind, ihre ver-
schiedenen Vorstellungsarten von Göttlichem eben, wie im
übrigen Interesse, sich einander zuzugesellen, und so der Be-
schränktheit, die jede einzelne Vorstellungsart hat und haben
* muß, ihre Freiheit zu geben, indem sie in einem harmonischen
* Ganzen von Vorstellungsarten begriffen ist, und zugleich, eben,
weil in jeder besondern Vorstellungsart auch die Bedeutung der
besondern Lebensweise liegt, die jeder hat, der nothwendigen
Beschränktheit dieser Lebensweise ihre Freiheit zu geben, in-
dem sie in einem harmonischen Ganzen von Lebensweisen be-
griffen ist.

Du fragst mich, wenn auch die Menschen, ihrer Natur nach,
sich über die Noth erheben, und so in einer mannigfaltigern
und innigeren Beziehung mit ihrer Welt sich befinden, wenn
* sie auch, in wie *weit* sie über die (physische und moralische)
Nothdurft sich erheben, immer ein menschlich höheres Leben
leben, (in einem mehr als mechanischen *Zusammenhan-
ge*, daß ein höheres *Geschik* zwischen ihnen und ihrer Welt
sei) wenn auch wirklich dieser höhere Zusammenhang ihnen
ihr heiligstes sei, weil sie in ihm sich selbst und ihre Welt, und
alles, was sie haben und seien, vereiniget fühlen, warum sie sich
den Zusammenhang zwischen sich und ihrer Welt gerade *vor-
stellen*, warum sie sich eine Idee oder ein Bild machen müs-
sen, von ihrem Geschik, das sich genau betrachtet weder recht
denken ließe noch auch vor den Sinnen liege?

So fragst du mich, und ich kann dir nur so viel darauf ant-
worten, daß der Mensch auch in so fern sich über die Noth
erhebt, als er sich seines Geschiks *erinnern*, als er für sein
Leben *dankbar* seyn kann und mag, daß er seinen durchgän-
gigern Zusammenhang mit dem Elemente, in dem er sich regt,

auch durchgängiger empfindet, daß er, indem er sich in seiner Wirksamkeit und den damit verbundenen Erfahrungen über die Noth erhebt, auch eine unendlichere, durchgängigere Befriedigung erfährt, als die Befriedigung der Nothdurft ist, wenn anders seine Thätigkeit rechter Art, nicht für ihn, für seine Kräfte und seine Geschiklichkeit zu weitaussehend, wenn sie nicht zu unruhig, zu unbestimmt, von der anderen Seite nicht zu ängstlich, zu eingeschränkt, zu mäßig ist. Greift es aber der Mensch nur recht an, so giebt es für ihn, in jeder ihm eigentümlichen Sphäre, ein mehr als nothdürftiges, ein höheres Leben, also eine mehr als nothdürftige, eine unendlichere Befriedigung. So wie nun jede Befriedigung ein momentaner Stillstand des wirklichen Lebens ist, so ist es auch eine solche unendlichere Befriedigung, nur mit diesem großen Unterschiede, daß auf die Befriedigung der Nothdurft eine Negative erfolgt, wie z.B. die Thiere gewöhnlich schlafen, wenn sie satt sind, auf eine unendlichere Befriedigung aber zwar auch ein Stillstand des wirklichen Lebens, aber daß dieses eine Leben im Geiste erfolgt, und daß die Kraft des Menschen das wirkliche Leben, das ihm die Befriedigung gab, im Geiste wiederhohlt. Ich sage, jener unendlichere mehr als nothdürftige Zusammenhang, jenes höhere Geschik, das der Mensch in seinem Elemente erfahre, werde auch unendlicher von ihm empfunden, befriedige ihn unendlicher, und aus dieser Befriedigung gehe das geistige Leben hervor, wo er gleichsam sein wirkliches Leben wiederhohle. In so fern aber ein höherer unendlicherer Zusammenhang zwischen ihm und seinem Elemente ist in seinem wirklichen Leben, kann dieser weder blos in Gedanken, noch blos im Gedächtniß wiederholt werden, denn der blose Gedanke, so edel er ist, kann doch nur den nothwendigen Zusammenhang, nur die unverbrüchlichen, allgültigen, unentbehrlichen Geseze des Lebens wiederhohlen, und in eben dem Grade, in welchem er sich über dieses ihm eigentümliche Gebiet hinaus und den innigeren Zusammenhang des Lebens zu denken wagt, verläugnet er auch seinen eigentümlichen Karakter, der darin besteht, daß er ohne besondere Beispiele eingesehen und bewiesen werden kann. Jene unendlicheren mehr als nothwendigen Beziehungen des Lebens kön- * nen zwar auch gedacht, aber nur nicht *blos* gedacht werden; * der Gedanke erschöpft sie nicht, und wenn es höhere Geseze giebt, die jenen unendlichern Zusammenhang des Lebens bestimmen, wenn es ungeschriebene göttliche Geseze giebt, von denen Antigonä spricht, als sie, troz des öffentlichen strengen Verbots, ihren Bruder begraben hatte, — und es muß wohl solche geben, wenn jener höhere Zusammenhang keine Schwärmerei ist — ich sage, wenn es solche giebt, so sind sie, in so fern sie *blos* für sich und nicht im Leben begriffen vorgestellt werden, unzulänglich, einmal weil in eben dem Grade, in welchem der Zusammenhang des Lebens unendlicher wird, die Thätigkeit und ihr Element, die Verfahrungsart, und die Sphäre in der sie beobachtet wird, also das Gesez, und die besondere Welt in der es ausgeübt wird, unendlicher verbunden ist und eben deswegen das Gesez, wenn es auch gleich ein für gesittete Men- * schen allgemeines wäre, doch niemals ohne einen besondern Fall, niemals abstract gedacht werden könnte, wenn man ihm nicht seine Eigentümlichkeit, seine innige Verbundenheit mit der Sphäre in der es ausgeübt wird, nehmen wollte. Und dann sind die Geseze jenes unendlichern Zusammenhangs, in dem sich der Mensch mit seiner Sphäre befinden kann, doch immer nur die Bedingungen, um jenen Zusammenhang möglich zu machen, und nicht der Zusammenhang selbst.

Also kann dieser höhere Zusammenhang nicht blos in Gedanken wiederhohlt werden. So kann man von den Pflichten der Liebe, und Freundschaft und Verwandtschaft, von den Pflichten der Hospitalität, von der Pflicht, großmüthig gegen Feinde zu seyn, man kann von dem sprechen, was sich, für die oder jene Lebensweise, für den oder jenen Stand, für diß oder jenes Alter oder Geschlecht schike, und nicht schike, und wir haben wirklich aus den feinern unendlichern Beziehungen des Lebens zum Theil eine arrogante Moral zum Theil eine eitle Etiquette oder auch eine schaale Geschmaksregel gemacht, und glauben uns mit unsern eisernen Begriffen aufgeklärter, als die Alten, die jene zarten Verhältnisse als religiose das heißt, als solche Verhältnisse betrachteten, die man nicht so wohl an und für sich, als aus dem *Geiste* betrachten müsse, der in der Sphäre herrsche, in der jene Verhältnisse stattfinden. Und sie hatten darum recht, weil, wie wir schon gesehen haben, in eben dem Grade, in welchem die Verhältnisse sich über das physisch und moralisch nothwendige erheben, die Verfahrungsart und ihr Element auch unzertrennlicher verbunden sind, die einzel- * ne Form und Art bestimmter Grundbeziehungen absolut gedacht werden können.

Und diß ist eben die höhere Aufklärung die uns größtentheils abgeht. Jene zartern und unendlichern Verhältnisse müssen also aus dem Geiste betrachtet werden, der in der Sphäre herrscht, in der sie stattfinden. Dieser Geist aber, dieser unendlichere Zusammenhang, selbst, *

[Lücke im Text]

d.h. solche sind, wo die Menschen, die in ihnen stehen, insofern wohl ohne einander isolirt bestehen können, und daß diese Rechtverhältnisse erst durch ihre Störung positiv werden d.h. daß diese Störung kein Unterlassen, sondern eine Gewaltthat ist, und eben so wieder durch Gewalt und Zwang gehindert und beschränkt wird, daß also auch die Geseze jener Verhältnisse an sich negativ, und nur unter Voraussezung ihrer Übertretung positiv sind, da hingegen jene freieren Verhältnisse, so lange sie sind was sie sind und ungestört bestehen,

Winke zur Fortsezung.

Unterschied religiöser Verhältnisse von intellectualen moralischen rechtlichen Verhältnissen einestheils, und von physischen mechanischen historischen Verhältnissen anderntheils, so daß die religiösen Verhältnisse einestheils in ihren Theilen die Persönlichkeit, die gegenseitige Beschränkung, das negative gleiche Nebeneinanderseyn der intellectualen Verhältnisse, anderntheils den innigen Zusammenhang, das Gegebenseyn des einen zum andern, die Unzertrennlichkeit in ihren Theilen haben, welche die Theile eines physischen Verhältnisses karakterisirt, so daß die religiösen Verhältnisse in ihrer *Vorstellung* weder intellectuell noch historisch, sondern intellectuell historisch, d.h. *Mythisch* sind, sowohl was ihren Stoff, als * was ihren Vortrag betrifft und wie er diß deutlicher oder dunkler in einem Bilde auffaßt, dessen Karakter den Karakter eigentümlichen Lebens ausdrükt, den jeder in seiner Art unendlich leben kann und lebt. Sie werden also in Rüksicht des Stoffs weder blos Ideen oder Begriffe oder Karaktere, noch auch bloße Begebenheiten, Thatsachen, enthalten, auch nicht beedes getrennt, sondern beedes in Einem, und zwar so, daß wo die persönlichen Theile mehr Gewicht haben, Hauptparthien, der innere Gehalt sind, die Darstellung, der äußere Gehalt geschichtlicher seyn wird (epische Mythe), und wo die Begebenheit Hauptparthie ist, innerer Gehalt, der äußere Gehalt persönlicher seyn wird (dramatische Mythe), nur muß nicht vergessen werden, daß so wohl die persönlichen Theile als die geschichtlichen immer nur Nebentheile sind, im Verhältniß zur eigentlichen Hauptparthie, zu dem Gott der Mythe. Das lyrischmythische ist noch zu bestimmen.

So auch der Vortrag der Mythe. Ihre Theile werden einerseits so zusammengestellt, daß durch ihre durchgängige gegenseitige schikliche Beschränkung keiner zu sehr hervorspringt, und jeder einen gewissen Grad von Selbstständigkeit ebendadurch erhält, und in so fern wird der Vortrag einen intellectualen Karakter tragen, anderseits, werden sie, indem jeder Theil etwas weiter gehet, als nötig ist, eben dadurch jene Unzertrennlichkeit erhalten, die sonst nur den Theilen eines physischen mechanischen Verhältnisses eigen ist.

So wäre alle Religion ihrem Wesen nach poëtisch.

(Hier kann nun noch gesprochen werden über die Vereinigung mehrerer zu einer Religion, wo jeder seinen Gott und alle einen gemeinschaftlichen in dichterischen Vorstellungen ehren, wo jeder sein höheres Leben und alle ein gemeinschaftliches höheres Leben, die Feier des Lebens mythisch feiern. Ferner könnte noch gesprochen werden von Religionsstiftern, und von Priestern, was sie aus diesem Gesichtspuncte sind; jene die Religionsstifter (wenn es nicht die Väter einer Familie sind, die das Geschäft und Geschik derselben forterbt), wenn sie einem

Die Weisen aber … *

Die Weisen aber, die nur mit dem Geiste, nur allgemein unterscheiden, eilen schnell wieder ins reine Seyn zurük, und fallen in eine um so größere Indifferenz, weil sie hinlänglich unterschieden zu haben glauben, und die Nichtentgegensezung, auf die sie zurükgekommen sind, für eine ewige nehmen. Sie haben ihre Natur mit dem untersten Grade der Wirklichkeit, mit dem Schatten der Wirklichkeit, der idealen Entgegensezung und Unterscheidung getäuscht, und sie rächt sich dadurch

Aphorismen

Es giebt Grade der Begeisterung. Von der Lustigkeit an, die wohl der unterste ist, bis zur Begeisterung des Feldherrn der mitten in der Schlacht unter Besonnenheit den Genius mächtig erhält, giebt es eine unendliche Stufenleiter. Auf dieser auf- und abzusteigen ist Beruf und Wonne des Dichters.

Man hat Inversionen der Worte in der Periode. Größer und wirksamer muß aber dann auch die Inversion der Perioden selbst seyn. Die logische Stellung der Perioden, wo dem Grunde (der Grundperiode) das Werden, dem Werden das Ziel, dem Ziele der Zwek folgt, und die Nebensäze immer nur hinten an gehängt sind an die Hauptsäze worauf sie sich zunächst beziehen, — ist dem Dichter gewiß nur höchst selten brauchbar.

Das ist das Maas Begeisterung, das jedem Einzelnen gegeben ist, daß der eine bei größerem, der andere nur bei schwächerem Feuer die Besinnung noch im nöthigen Grade behält. Da wo die Nüchternheit dich verläßt, da ist die Gränze deiner Begeisterung. Der große Dichter ist niemals von sich selbst verlassen, er mag sich so weit über sich selbst erheben als er will. Man kann auch in die Höhe *fallen*, so wie in die Tiefe. Das leztere verhindert der elastische Geist, das erstere die Schwerkraft, die in nüchternem Besinnen liegt. Das Gefühl ist aber wohl die beste Nüchternheit, und Besinnung des Dichters, wenn es richtig und warm und klar und kräftig ist. Es ist Zügel und Sporn dem Geist. Durch Wärme treibt es den Geist weiter, durch Zartheit und Richtigkeit und Klarheit schreibt es ihm die Gränze vor und hält ihn, daß er sich nicht verliert; und so ist es Verstand und Wille zugleich. Ist es aber zu zart und weichlich, so wird es tödtend, ein nagender Wurm. Begränzt sich der Geist, so fühlt es zu ängstlich die augenblikliche Schranke, wird zu warm, verliert die Klarheit, und treibt den Geist mit einer unverständlichen Unruhe ins Gränzenlose; ist der Geist freier, und hebt er sich augenbliklich über Regel und Stoff, so fürchtet es eben so ängstlich die Gefahr, daß er sich verliere, so wie es zuvor die Eingeschränktheit fürchtete, es wird frostig und dumpf, und ermattet den Geist, daß er sinkt und stokt, und an überflüssigem Zweifel sich abarbeitet. Ist einmal das Gefühl so krank, so kann der Dichter nichts bessers, als daß er, weil er es kennt, sich in keinem Falle, gleich schreken läßt von ihm, und es nur so weit achtet, daß er etwas gehaltner fortfährt, und so leicht wie möglich sich des Verstands bedient, um das Gefühl, es seie beschränkend oder befreiend, augenbliklich zu berichtigen, und wenn er so sich mehrmal durchgeholfen hat, dem Gefühle die natürliche Sicherheit und Consistenz wiederzugeben. Überhaupt muß er sich gewöhnen, nicht in den einzelnen Momenten das Ganze, das er vorhat, erreichen zu wollen, und das augenbliklich unvollständige zu ertragen; seine Lust muß seyn, daß er sich von einem Augenblike zum andern selber übertrifft, **in dem Maße und in der Art, wie es die Sache erfordert,** bis er am Ende den Hauptton seines Ganzen gewinnt. Er muß aber ja nicht denken, daß er nur im *crescendo* vom Schwächern zum Stärkern sich selber übertreffen könne, so wird er unwahr werden, und sich überspannen; er muß fühlen, daß er an Leichtigkeit gewinnt, was er an Bedeutsamkeit verliert, daß Stille die Heftigkeit, und das Sinnige den Schwung gar schön ersezt, und so wird es im Fortgang seines Werks nicht einen nothwendigen Ton geben, der nicht den vorhergehenden gewissermaßen überträffe, und der herrschende Ton wird es nur darum seyn, weil das Ganze auf diese und keine andere Art komponirt ist.

Nur das ist die wahrste Wahrheit, in der auch der Irrtum, weil
sie ihn im ganzen ihres Systems, in seine Zeit und seine Stelle
sezt, zur Wahrheit wird. Sie ist das Licht, das sich selber und *
auch die Nacht erleuchtet. Diß ist auch die höchste Poësie, in
der auch das unpoëtische, weil es zu rechter Zeit und am rechten Orte im Ganzen des Kunstwerks gesagt ist, poëtisch wird.
Aber hiezu ist schneller Begriff am nöthigsten. Wie kannst du *
die Sache am rechten Ort brauchen, wenn du noch scheu darüber verweilst, und nicht weist, was an ihr ist, wie viel oder wenig daraus zu machen. Das ist ewige Heiterkeit, ist Gottes-

freude, daß man alles Einzelne in die Stelle des Ganzen sezt, wohin es gehört; deswegen ohne Verstand, oder ohne ein durch und durch organisirtes Gefühl keine Vortreflichkeit, kein Leben.

Muß denn der Mensch an Gewandtheit der Kraft und des Sinnes verlieren, was er an vielumfassendem Geiste gewinnt. Ist doch keines nichts ohne das andere!

Aus Freude mußt du das Reine überhaupt, die Menschen und * andern Wesen verstehen, »alles wesentliche und bezeichnende« derselben auffassen, und alle Verhältnisse nacheinander erkennen, und ihre Bestandtheile in ihrem Zusammenhange so lange dir wiederhohlen, bis wieder die lebendige Anschauung objectiver aus dem Gedanken hervorgeht, aus Freude, ehe die Noth eintritt, der Verstand, der blos aus Noth kommt, ist immer einseitig schief.

Da hingegen die Liebe gerne zart entdekt, (wenn nicht Gemüth und Sinne scheu und trüb geworden sind durch harte Schiksaale und Mönchsmoral,) und nichts übersehen mag, und wo sie sogenannte Irren oder Fehler findet, Theile, die in dem, was sie sind, ober durch ihre Stellung und Bewegung aus dem Tone des Ganzen augenbliklich abweichen, das Ganze nur de- * sto inniger fühlt und anschaut. Deswegen sollte alles Erkennen vom Studium des Schönen anfangen — denn der hat viel gewonnen, der das Leben verstehen kann, ohne zu trauern. Übrigens ist auch Schwärmerei und Leidenschaft gut, Andacht, die das Leben nicht berühren, nicht erkennen mag und dann Verzweiflung, wenn das Leben selber aus seiner Unendlichkeit her- * vorgeht. Das tiefe Gefühl der Sterblichkeit, des Veränderns, seiner zeitlichen Beschränkungen entflammt den Menschen, daß er viel versucht, übt alle seine Kräfte, und läßt ihn nicht in Müßiggang gerathen, und man ringt so lange um Chimären, bis sich endlich wieder etwas Wahres und Reelles findet zur Erkenntniß und Beschäfftigung. In guten Zeiten giebt es selten Schwärmer. Aber wenns dem Menschen an großen reinen Gegenständen fehlt, dann schafft er irgend ein Phantom aus dem und jenem, und drükt die Augen zu, daß er dafür sich interessiren kann, und dafür leben.

Es kommt alles darauf an, daß die Vortreflichen das Inferieure, die Schönern das Barbarische nicht zu sehr von sich ausschließen, sich aber auch nicht zu sehr damit vermischen, *daß sie die Distanz, die zwischen ihnen und den andern ist, bestimmt und leidenschaftlos erkennen, und aus dieser Erkenntniß wirken, und dulden.* Isoliren sie sich zu sehr, so ist die Wirksamkeit verloren, und sie gehen in ihrer Einsamkeit unter. Vermischen sie sich zu sehr, so ist auch wieder keine rechte Wirksamkeit möglich, denn entweder sprechen und handeln sie gegen die andern, wie gegen ihresgleichen und übersehen den Punct, wo diesen es fehlt, und wo sie zunächst ergriffen werden müssen, oder sie richten sich zu sehr nach diesen, und wiederhohlen die Unart, die sie reinigen sollten, in beiden Fällen wirken sie nichts und müssen vergehen, weil sie entweder immer ohne Wiederklang sich in den Tag hinein äußern, und einsam bleiben mit allem Ringen und Bitten oder auch, weil sie das Fremde, Gemeinere zu dienstbar in sich aufnehmen und sich damit erstiken.

AUFSÄTZE

* Notiz zum Journalplan

[...] als Naturproduct seine Ehre widerfahren. Gelehrte Kritiken und Biographien, so wie alle Spekulation, die nur in den Streit gehört, liegen außerhalb unseres Zweks.

Bonhommie nicht kalte Frivolität, leichte klare Ordnung, Kürze des Ganzen — nicht affectirt muthwillige Sprünge und Sonderbarkeiten

Der Gesichtspunct aus dem wir das Altertum anzusehen haben

Der Gesichtspunct aus dem wir das Altertum
anzusehen haben

Wir träumen von Bildung, Frömmigkeit pp. und haben gar kei-
ne, sie ist angenommen — wir träumen von Originalität und
Selbstständigkeit, wir glauben lauter Neues zu sagen, und alles
diß ist doch Reaction, eine milde Rache gegen die Knechtschaft,
womit wir uns verhalten haben gegen das Altertum; es scheint
wirklich fast keine andere Wahl offen zu seyn, erdrükt zu wer-
den von Angenommenem, und Positivem, oder, mit gewaltsa-
mer Anmaaßung, sich gegen alles erlernte, gegebene positive, *
als lebendige Kraft entgegenzusezen. Das schwerste dabei
scheint, daß das Altertum ganz unserem ursprünglichen Trie-
be entgegenzuseyn scheint, der darauf geht, das Ungebildete zu
bilden, das Ursprüngliche Natürliche zu vervollkommnen, so
daß der zur Kunst geborene Mensch natürlicher weise und über-
all sich lieber mehr das Rohe, Ungelehrte, Kindliche, holt, als
einen gebildeten Stoff, wo ihm, der bilden will, schon vorgear-
beitet ist. Und was allgemeiner Grund vom Untergang aller Völ-
ker war, nemlich, daß ihre Originalität, ihre eigene leben-
dige Natur erlag unter den positiven Formen und unter dem
Luxus, den ihre Väter hervorgebracht hatten,

Beispiele lebhaft dargestellt.

das scheint auch unser Schiksaal zu seyn, nur in größerem Ma-
ße, indem eine fast gränzenlose Vorwelt, die wir entweder durch
Unterricht, oder durch Erfahrung innewerden, auf uns wirkt
und drükt.

Ausführung.

Von der andern Seite scheint nichts günstiger zu seyn, als gera-
de diese Umstände in denen wir uns befinden. Ich muß hier
etwas weit aushohlen, und bitte die zunächstliegenden Ideen
vorzüglich ins Auge zu fassen. *Es ist nemlich ein Unter-
schied ob jener Bildungstrieb blind wirkt, oder mit
Bewußtseyn, ob er weiß woraus er hervorgieng*

und wohin er strebt, denn diß ist der einzige Fehler der Menschen, daß ihr Bildungstrieb sich verirrt, eine unwürdige, überhaupt falsche Richtung nimmt, oder doch seine eigentümliche Stelle verfehlt, oder, wenn er diese gefunden hat, auf halbem Wege, bei den Mitteln die ihn zu seinem Zweke führen sollten, stehen bleibt.

Beispiele lebhaft.

Daß dieses in hohem Grade weniger geschehe, wird dadurch gesichert daß wir wissen, wovon, und worauf jener Bildungstrieb überhaupt ausgehe, daß wir die wesentlichsten Richtungen kennen, in denen er seinem Ziele entgegengeht, daß uns auch die Umwege oder Abwege die er nehmen kann, nicht unbekannt sind, daß wir alles, was vor und um uns aus jenem Triebe hervorgegangen ist, betrachten als aus dem gemeinschaftlichen ursprünglichen Grunde hervorgegangen, woraus er mit seinen Producten überall so hervorgeht, daß wir die wesentlichsten Richtungen, die er vor und um uns nahm, auch seine Verirrungen um uns her erkennen, und nun, aus demselben Grunde, den wir lebendig, und überall gleich, als den Ursprung alles Bildungstriebs annehmen, unsere eigene Richtung uns vorsezen, die bestimmt wird, durch die vorhergegangenen reinen und unreinen Richtungen, die wir aus Einsicht nicht wiederhohlen, so daß wir im Urgunde aller Werke und Thaten der Menschen uns gleich und einig fühlen mit allen, sie seien so groß oder so klein, aber in der besondern Richtung die wir nehmen,

---

* Die reinen Richtungen wiederhohlen wir nicht, unsere besondere Richtung Handeln. Reaction gegen positives. Beleben des Todten durch reelle Wechselvereinigung desselben

Entwürfe zu Briefen über Homer

Zum Plan von Briefen über Homer

NB. In den Briefen über Homer erst Karactere, dann Situationen, dann die Handlung, die im Karakterstük um des Karakters und des Hauptkarakters willen da ist, da von dem Wechsel der Töne [fragmentarisch]

Mich freut es … (Über Achill 1)

Mich freut es daß du von Achill sprachst. Er ist mein Liebling unter den Helden, so stark und zart, die gelungenste, und vergänglichste Blüthe der Heroenwelt, »so für kurze Zeit geboren« * nach Homer, eben weil er so schön ist. Ich möchte auch fast denken, der alte Poët lass' ihn nur darum so wenig in Handlung erscheinen, und lasse die andern lärmen, indeß sein Held im Zelte sizt, um ihn so wenig, wie möglich unter dem Getümmel vor Troja zu profaniren. Von Ulyß konnte er Sachen genug beschreiben. Dieser ist ein Sak voll Scheidemünze, wo man lange zu zählen hat, mit dem Gold ist man viel bälder fertig.

Am meisten aber … (Über Achill 2)

Am meisten aber lieb' ich und bewundere den Dichter aller Dichter um seines Achilles willen. Es ist einzig, mit welcher Liebe und welchem Geiste er diesen Karakter durchschaut und gehalten und gehoben hat. Nimm die alten Herrn Agamemnon und Ulysses und Nestor mit ihrer Weisheit und Thorheit, nimm den Lärmer Diomed, den blindtobenden Ajax, und halte sie gegen den genialischen, allgewaltigen, melancholischzärtlichen Göttersohn, den Achill, gegen dieses *enfant gaté* der Natur, * und wie der Dichter ihn, den Jüngling voll Löwenkraft und Geist und Anmuth, in die Mitte gestellt hat zwischen Altklugheit und Rohheit und du wirst ein Wunder der Kunst in Achilles

Karakter finden. Im schönsten Kontraste stehet der Jüngling mit Hector, dem edeln treuen frommen Manne, der so ganz aus Pflicht und feinem Gewissen Held ist, da der andre alles aus reicher schöner Natur ist. Sie sind sich eben so entgegengesezt, als sie verwandt sind und eben dadurch wird es um so tragischer, wenn Achill am Ende als Todtfeind des Hector auftritt. Der freundliche Partroklus gesellt sich lieblich zu Achill und schikt sich so recht zu dem Trozigen.

Man siehet auch wohl, wie hoch Homer den Helden seines Herzens achtete. Man hat sich oft gewundert, warum Homer, der doch den Zorn des Achill besingen wolle ihn fast gar nicht erscheinen lasse. Er wollte den Götterjüngling nicht profaniren in dem Getümmel vor Troja. Der Idealische durfte nicht alltäglich erscheinen. Und er konnt' ihn wirklich nicht herrlicher und zärtlicher besingen, als dadurch, daß er ihn zurüktreten läßt (weil sich der Jüngling in seiner genialischen Natur vom rangstolzen Agamemnon, als ein Unendlicher unendlich belaidiget fühlt) so daß jeder Verlust der Griechen, von dem Tag an wo man den Einzigen im Heere vermißt, an seine Überlegenheit über die ganze prächtige Menge der Herren und Diener mahnt, und die seltenen Momente, wo der Dichter ihn vor uns erscheinen läßt, durch seine Abwesenheit nur desto mehr ins Licht gesezt werden. Diese sind dann auch mit wunderbarer Kraft gezeichnet und der Jüngling tritt wechselsweise, klagend und rächend, unaussprechlich rührend, und dann wieder furchtbar so lange nacheinander auf, bis am Ende, nachdem sein Leiden und sein Grimm aufs höchste gestiegen sind, nach fürchterlichem Ausbruch das Gewitter austobt, und der Göttersohn, kurz vor seinem Tode, den er vorausweiß, sich mit allem, so gar mit dem alten Vater Priamus aussöhnt.

Diese lezte Scene ist himmlisch nach allem, was vorhergegangen war.

Ein Wort über die Iliade

Ein Wort über die Iliade

Man ist manchmal bei sich selber uneins über die Vorzüge verschiedener Menschen, und fast in einer Verlegenheit, wie die Kinder, wenn man sie fragt, wen sie am meisten lieben unter denen, die sie nahe angehn, jeder hat seine eigene Vortreflichkeit und dabei seinen eigenen Mangel; dieser empfiehlt sich uns dadurch, daß er das, worinn er lebt, vollkommen erfüllt, indem sich sein Gemüth und sein Verstand für eine beschränktere, aber der menschlichen Natur dennoch gemäße Lage gebildet haben; wir nennen ihn einen natürlichen Menschen, weil er und seine einfache Sphäre ein harmonisches Ganze sind, aber es * scheint ihm dagegen verglichen mit andern an Energie und dann auch wieder an tiefem Gefühl und Geist zu mangeln; ein anderer interessirt uns mehr durch Größe und Stärke und Beharrlichkeit seiner Kräfte und Gesinnungen, durch Muth und Aufopferungsgaabe, aber er dünkt uns zu gespannt, zu ungenügsam, zu gewaltsam, zu einseitig in manchen Fällen, zu sehr im Widerspruche mit der Welt; wieder ein anderer gewinnt uns durch die größere Harmonie seiner inneren Kräfte, durch die Vollständigkeit und Integrität und Seele, womit er die Eindrüke aufnimmt, durch die Bedeutung, die ebendeswegen ein Gegenstand, die Welt, die ihn umgiebt, im Einzelnen und Ganzen für ihn haben kann und die dann auch in seinen Äußerungen über den Gegenstand sich findet, und wie die Unbedeutenheit uns mehr, als alles andere schmerzt, so wäre uns auch der vorzüglich willkommen, der uns und das, worinn wir leben, wahrhaft bedeutend nimmt, sobald er uns seine Art zu sehen und zu fühlen nur leicht genug und gänzlich faßlich machen könnte, aber wir sind nicht selten versucht, zu denken, daß er, indem er den Geist des Ganzen fühle, das Einzelne zu wenig ins Auge fasse, daß er, wenn andere vor lauter Bäumen den Wald nicht sehn, über dem Walde die Bäume vergesse, daß er bei aller Seele, ziemlich unverständig, und deßwegen auch für andere unverständlich sei.

Wir sagen uns dann auch wieder, daß kein Mensch in seinem
äußern Leben alles zugleich seyn könne, daß man, um ein Da-
seyn und Bewußtseyn in der Welt zu haben, sich für irgend
etwas determiniren müsse, daß Neigung und Umstände den ei-
* nen zu dieser, den andern zu einer andern Eigentümlichkeit
bestimme, daß diese Eigentümlichkeit dann freilich am meisten
zum Vorschein komme, daß aber andere Vorzüge, die wir ver-
missen, deßwegen nicht ganz fehlen bei einem ächten Karak-
ter, und nur mehr im Hintergrunde liegen, daß diese vermißten
Vorzüge

Über die verschiedenen Arten, zu dichten

Man ist manchmal bei sich selber uneins über die Vorzüge verschiedener Menschen. Jeder hat seine Vortreflichkeit und dabei seinen eigenen Mangel. Dieser gefällt uns durch die Einfachheit und Akkuratesse und Unbefangenheit, womit er in einer bestimmten Richtung fortgeht, der er sich hingab. Die Momente seines Lebens folgen sich ununterbrochen und leicht, alles hat bei ihm seine Stelle und seine Zeit; nichts schwankt, nichts stört sich, und weil er beim Gewöhnlichen bleibt, so ist er auch selten großer Mühe und großem Zweifel ausgesezt. Und wie er für sich selbst ist, so hält er es auch mit andern, so wirkt er auf sie. Bestimmt, klar, immer gleich und moderirt und der Stelle und dem

Das Erste ist wohl das Wasser; wie Gold *
Leuchtet das lodernde
Feuer bei Nacht
Die Gaabe des Pluto,
Doch kömst du, Siege zu singen
Liebes Herz!
So suchend kein ander
Blühender leuchtend Gestirn,
Als die Sonne am Tage
Im einsamen Aether

Augenblike angemessen und ganz in der Gegenwart, ist er uns, wenn wir nicht zu gespannt und hochgestimmt sind, auch niemals ungelegen, er läßt uns, wie wir sind, wir vertragen uns leicht mit ihm; er bringt uns nicht gerade um Vieles weiter, interessirt uns eigentlich auch nicht tief; aber diß wünschen wir ja auch nicht immer und besonders unter gewaltsamen Erschütterungen haben wir vorerst kein ächteres Bedürfniß, als einen solchen Umgang, einen solchen Gegenstand, bei dem wir uns am leichtesten in einem Gleichgewichte, in Ruhe und Klarheit wiederfinden.

Wir nennen den beschriebenen Krakter vorzugsweise natürlich, und haben mit dieser Huldigung wenigstens so sehr recht, als einer der sieben Weisen, welcher in seiner Sprache und Vor- *

stellungsweise behauptete, alles sei aus Wasser entstanden. Denn wenn in der sittlichen Welt die Natur, wie es wirklich scheint, in ihrem Fortschritt immer von den einfachsten Verhältnissen und Lebensarten ausgeht, so sind jene schlichten Karaktere nicht ohne Grund die ursprünglichen, die natürlichsten zu nennen.

[Lücke im Text]

verständiget hat, so ist es für jeden, der seine Meinung darüber äußern möchte, nothwendig, sich vorerst in festen Begriffen und Worten zu erklären.

So auch hier.

Der natürliche Ton, der vorzüglich dem epischen Gedichte eigen ist, ist schon an seiner Außenseite leicht erkennbar.

Bei einer einzigen Stelle im Homer läßt sich eben das sagen, was sich von diesem Tone im Großen und Ganzen sagen läßt. (Wie überhaupt in einem guten Gedichte eine Redeperiode das ganze Werk repräsentiren kann, so finden wir es auch bei die-
* sem Tone und diesem Gedichte.) Ich wähle hiezu die Rede des Phönix, wo er den zürnenden Achill bewegen will, sich mit Agamemnon auszusöhnen, und den Achaiern wieder im Kampfe gegen die Trojer zu helfen.

Dich auch macht' ich zum Manne, du göttergleicher Achilles
Liebend mit herzlicher Treu; auch wolltest du nimmer mit andern
Weder zum Gastmahl gehn, noch daheim in den Wohnungen essen
Eh ich selber dich nahm, auf meine Kniee dich sezend;
Und die zerschnittene Speise dir reicht und den Becher dir vorhielt.
Oftmals hast du das Kleid mir vorn am Busen befeuchtet
Wein aus dem Munde verschüttend in unbehülflicher Kindheit.
Also hab' ich so manches durchstrebt und so manches erduldet
Deinethalb, ich bedachte, wie eigene Kinder die Götter
Mir versagt, und wählte, du göttergleicher Achilles

Dich zum Sohn, daß du einst vor traurigem Schiksaal
mich schirmtest,
Zähme dein großes Herz, o Achilleus! Nicht ja geziemt dir
Unerbarmender Sinn; oft wenden sich selber die Götter
Die doch weit erhabner an Herrlichkeit Ehr und Gewalt
sind.[1]

Der ausführliche, stetige, wirklichwahre Ton fällt in die Augen.

Und so hält sich dann auch das epische Gedicht im Größeren an das Wirkliche. Es ist, wenn man es in seiner Eigentümlichkeit betrachtet, ein Karaktergemählde, und aus diesem Gesichtspuncte durchaus angesehn interessirt auch und erklärt sich eben die Iliade erst recht von allen Seiten. Und wenn die Begebenheiten und Umstände, worin sich die Karaktere darstellen so ausführlich entwikelt werden, so ist es vorzüglich darum, weil diese gerade so erscheinen vor den Menschen die in ihnen leben, ohne sehr alterirt, und aus der gewöhnlichen Stimmung und Weise herausgetrieben zu seyn. In einem Karaktergemählde sind dann auch alle übrigen Vorzüge des natürlichen Tons an ihrer wesentlichen Stelle. Diese s i c h t b a r e sinnliche Einheit, daß alles vorzüglich vom Helden aus und wieder auf ihn zurükgeht, daß Anfang und Katastrophe und Ende an ihn gebunden ist, daß alle Karaktere und Situationen in ganzer Mannigfaltigkeit mit allem was geschiehet und gesagt wird, wie die Puncte in einer Linie gerichtet sind auf den Moment, wo er in seiner höchsten Individualität auftritt, d i e s e Einheit ist, wie man leicht einsieht nur in einem Werke möglich, das seinen eigentlichen Zwek in die Darstellung von Karakteren sezt, und wo so im Hauptkarakter der Hauptpunct liegt.

So folgt aus diesem Zweke auch die ruhige Moderation, die dem natürlichen Tone so eigen ist, die die Karaktere so innerhalb ihrer Grenze zeigt, und sie vielfältig sanft abstuft. Der Künstler ist in der Dichtart wovon die Rede ist, nicht deswe-

[1] Ich brauche wohl wenigen zu sagen, daß diß Vossische Übersezung ist, und denen, die sie noch nicht kennen, gestehe ich, daß auch ich erst seit kurzem damit bekannter geworden bin.

gen so moderat, weil er dieses Verfahren für das Einzigpoëtische hält, er vermeidet z. B. die Extreme und Gegensäze nicht darum, weil er sie in keinem Falle brauchen mag, er weiß wohl, daß es am rechten Orte poëtischwahre Extreme und Gegensäze der Personen, der Ereignisse, der Gedanken, der Leidenschaften, der Bilder, der Empfindungen giebt, er schließt sie nur aus, insoferne sie zum jezigen Werke nicht passen; er mußte sich einen festen Standpunct wählen, und dieser ist jezt das Individuum, der Karakter seines Helden, so wie er durch Natur und Bildung ein bestimmtes eignes Daseyn, eine Wirklichkeit gewonnen hat. Aber eben diese Individualität des Karakters gehet nothwendiger weise in Extremen verloren. Hätte Homer seinen entzündbaren Achill nicht so zärtlich sorgfältig dem Getümmel entrükt, wir würden den Göttersohn kaum noch von
* dem Elemente unterscheiden, das ihn umgiebt, und nur, wo wir ihn ruhig im Zelte finden, wie er mit der Leier sein Herz erfreut und Siegsthaten der Männer singt, indessen sein Patroklus gegenüber sizt und schweigend harrt, bis er den Gesang vollendet, hier nur haben wir den Jüngling recht vor Augen.

Also, um die Individualität des dargestellten Karakters zu erhalten, um die es ihm jezt gerade am meisten zu thun ist, ist der epische Dichter so durchaus moderat.

Und wenn die Umstände, in denen sich die epischen Kraktere befinden, so genau und ausführlich dargestellt werden, so ist es wieder nicht, weil der Dichter in diese Umständlichkeit allen poetischen Werth sezt. In einem andern Falle würde er sie bis auf einen gewissen Grad vermeiden; aber hier, wo sein Standpunct Individualität, Wirklichkeit, bestimmtes Daseyn der Karaktere ist, muß auch die umgebende Welt aus diesem Standpuncte erscheinen. Und daß die umgebenden Gegenstände aus diesem Standpuncte eben in jener Genauigkeit erscheinen, erfahren wir an uns selbst, so oft wir in unserer eigenen gewöhnlichsten Stimmung ungestört an den Umständen gegenwärtig sind, in denen wir selber leben.

Ich wünschte noch manches hinzuzusezen, wenn ich nicht auszuschweifen fürchtete. Noch seze ich hinzu, daß diese Ausführlichkeit in den dargestellten Umständen blos Widerschein der Karaktere ist, insoferne sie Individuen überhaupt, und noch nicht näher bestimmt sind. Das Umgebende kann noch auf eine andere Art dem Karakter angepaßt werden. In der Iliade theilt sich zulezt die Individualität des Achill, die freilich auch dafür geschaffen ist, mehr oder weniger allem und jedem mit, was ihn umgiebt, und nicht blos den Umständen, auch den Karakteren. Bei den Kampfspielen, die dem todten Patroklus zu Ehren angestellt werden, tragen merklicher und unmerklicher die übrigen Helden des griechischen Heeres fast alle seine Farbe, und endlich scheint sich der alte Priamus in allem seinem Laide noch vor dem Heroen, der doch sein Feind war, zu verjüngen.

Aber man siehet leicht, daß diß leztere schon über den natürlichen Ton hinausgeht, so wie er bis jezt betrachtet und beschrieben worden ist, in seiner bloßen Eigentümlichkeit.

In dieser wirkt er dann allerdings schon durch seine Ausführlichkeit, seinen stetigen Wechsel, seine Wirklichkeit.

* Das untergehende Vaterland ...

Das untergehende Vaterland, Natur und Menschen insofern sie in einer besondern Wechselwirkung stehen, eine besondere idealgewordene Welt, und Verbindung der Dinge ausmachen, und sich insofern auflösen damit aus ihr und aus dem überbleibenden Geschlechte und den überbleibenden Kräften der Natur, die das andere reale Prinzip sind, eine neue Welt, eine neue, aber auch besondere Wechselwirkung, sich bilde, so wie jener Untergang aus einer reinen aber besondern Welt her-
* vorgieng. Denn die Welt aller Welten, das Alles in Allen, welches immer ist und aus dessen Seyn alles angesehen werden muß, stellt sich nur in aller Zeit — oder im Untergange oder im Moment, oder genetischer im werden des Moments und Anfang von Zeit und Welt dar, und dieser Untergang und Anfang ist wie die Sprache, Ausdruk Zeichen Darstellung eines lebendigen aber besondern Ganzen, welches eben wieder in seinen Wirkungen dazu wird, und zwar so, daß in ihm, sowie in der Sprache, von einer Seite weniger oder nichts lebendig Bestehendes von der anderen Seite alles zu liegen scheint. Im lebendig Bestehenden herrscht eine Beziehungsart, und Stoffart vor; wiewohl alle übrigen darinn zu ahnden sind, im übergehenden ist die Möglichkeit aller Beziehungen vorherrschend, doch die besondere ist daraus abzunehmen, zu schöpfen, sodaß durch sie als Unendlichkeit die endliche Wirkung hervorgeht.

Dieser Untergang oder Übergang des Vaterlandes (in diesem Sinne) fühlt sich in den Gliedern der bestehenden Welt so, daß in eben dem Momente und Grade, worinn sich das Bestehende auflöst, auch das Neueintretende, Jugendliche, Mögliche sich fühlt. Denn wie könnte die Auflösung empfunden werden ohne Vereinigung, wenn also das Bestehende in seiner Auflösung empfunden werden soll und empfunden wird, so muß dabei das Unerschöpfte und Unerschöpfliche, der Beziehungen und Kräfte, und jene die Auflösung mehr durch diese empfunden werden, als umgekehrt, denn aus Nichts wird nichts, und diß gradweise genommen heißt so viel, als daß dasjenige, welches zur Negation gehet, und insofern es aus der Wirklichkeit gehet, und noch nicht ein Mögliches ist, nicht wirken könne.

Aber das Mögliche, welches in die Wirklichkeit tritt, indem die Wirklichkeit sich auflöst, diß wirkt, und es bewirkt sowohl die Empfindung der Auflösung als die Erinnerung des Aufgelösten.

Deswegen das durchaus originelle jeder ächttragischen Sprache, das immerwährendschöpfrische.. das Entstehen des Individuellen aus Unendlichem, und das Entstehen des Endlichunendlichen des Individuellewigen aus beeden, das Begreiffen, Beleben nicht des unbegreifbar, unseelig gewordenen, sondern des unbegreifbaren, des Unseeligen der Auflösung, und des Streites des Todes selbst, durch das Harmonische, Begreifliche Lebendige. Es drükt sich hierinn nicht der erste rohe in seiner Tiefe dem Leidenden und Betrachtenden noch zu unbekannte Schmerz der Auflösung aus; in diesem ist das Neuentstehende Idealische, unbestimmt, mehr ein Gegenstand der Furcht, da hingegen die Auflösung an sich, ein Bestehendes scheint, reales Nichts, und das sich Auflösende im Zustande zwischen Seyn und Nichtseyn im Nothwendigen begriffen ist.

Das neue Leben ist jezt wirklich, das sich auflösen sollte, und aufgelöst hat, möglich, ideal alt, die Auflösung nothwendig und trägt ihren eigentümlichen Karakter zwischen Seyn und Nichtseyn. Im Zustande zwischen Seyn und Nichtseyn wird aber überall das Mögliche real, und das wirkliche ideal, und diß ist in der freien Kunstnachahmung ein furchtbarer aber göttlicher Traum. Die Auflösung also als Nothwendige, auf dem Gesichtpuncte der idealischen Erinnerung wird als solche idealisches Object des neuentwikelten Lebens, ein Rükblik auf den Weg, der zurükgelegt werden mußte, vom Anfang der Auflösung bis dahin, wo aus dem neuen Leben eine Erinnerung des Aufgelösten, und daraus, als Erklärung und Vereinigung der Lüke und des Kontrasts, der zwischen dem Neuen und dem Vergangenen stattfindet, die Erinnerung der Auflösung erfolgen kann. Diese idealische Auflösung ist furchtlos. Anfangs- und Endpunkt ist schon gesezt, gefunden, gesichert, deswegen ist diese Auflösung auch sicherer, unaufhaltsamer, kühner, und sie stellt sie hiemit, als das was sie eigentlich ist, als einen reproductiven Act, dar, wodurch das Leben alle seine Puncte durchläuft, und um die ganze Summe zu gewinnen, auf keinem verweilt, auf jedem sich auflöst, um in dem nächsten sich herzustellen, nur daß in dem Grade die Auflösung idealer wird, in welchem sie sich von ihrem Anfangspuncte entfernt, hingegen in eben dem Grade die Herstellung realer, bis endlich aus der Summe dieser in einem Moment unendlich durchlaufenen Empfindungen des Vergehens und Entstehens, ein ganzes Lebensgefühl, und hieraus das einzig ausgeschlossene, das anfänglich aufgelöste in der Erinnerung (durch die Nothwendigkeit eines Objects im vollendetsten Zustande) hervorgeht, und nachdem diese Erinnerung des Aufgelösten, Individuellen mit dem unendlichen Lebensgefühl durch die Erinnerung der Auflösung vereiniget und die Lüke zwischen denselben ausgefüllt ist, so gehet aus dieser Vereinigung und Vergleichung des Vergangenen Einzelnen, und des Unendlichen gegenwärtigen, der eigentlich neue Zustand der nächste Schritt, der dem Vergangenen folgen soll hervor.

Also in der Erinnerung der Auflösung wird diese, weil ihre beeden Enden vest stehen, ganz der sichere, unaufhaltsame kühne Act, der sie eigentlich ist.

Aber diese idealische Auflösung unterscheidet sich auch dadurch von der wirklichen, auch wieder weil sie aus dem Unendlichgegenwärtigen zum Endlichvergangenen geht, daß 1) auf jedem Puncte derselben Auflösung und Herstellung, 2) ein Punct in seiner Auflösung und Herstellung mit jedem andern, 3) jeder Punct in seiner Auflösung und Herstellung mit dem Totalgefühl der Auflösung und Herstellung unendlich verflochtner ist, und alles sich in Schmerz und Freude, in Streit und Frieden, in Bewegung und Ruhe, und Gestalt und Ungestalt unendlicher durchdringt, berühret, und angeht und so ein himmlischer Feuer statt irrdischem wirkt.

Endlich, auch wieder, weil die idealische Auflösung umgekehrt vom Unendlichgegenwärtigen zum Endlichvergangenen geht, unterscheidet sich die idealische Auflösung von der wirklichen dadurch, daß sie durchgängiger bestimmt seyn kann, daß sie nicht mit ängstlicher Unruhe mehrere wesentliche Puncte der Auflösung und Herstellung in Eines zusammenzuraffen, auch nicht ängstlich auf Unwesentliches, die gefürchtete Auflösung also auch die Herstellung Hinderliches, also eigentlich tödtliches abzuirren, auch nicht auf einen Punct der Auflösung und Herstellung einseitig ängstig sich bis aufs Äußerste zu beschränken, und so wieder zum eigentlich Todten veranlaßt ist, sondern daß sie ihren präcisen, geraden, freien Gang geht, auf jedem Puncte der Auflösung und Herstellung ganz das, was sie auf ihm, aber auch nur auf ihm seyn kann, also wahrhaft individuell, ist, natürlicher weise also auch auf diesen Punct nicht Ungehöriges, Zerstreuendes, an sich und hiehin Unbedeutendes herzwingt, aber frei und vollständig den einzelnen Punct durchgeht in allen seinen Beziehungen mit den übrigen Puncten der Auflösung und Herstellung, welche zwischen den zwei ersten der Auflösung und Herstellung fähigen Puncten, nemlich dem entgegengesezten Unendlichneuen, und Endlichalten, dem Realtotalen, und idealparticularen liegen.

Endlich unterscheidet sich die idealische Auflösung von der sogenannt wirklichen, (weil jene umgekehrterweise vom Unendlichen zum Endlichen gehet, nachdem sie von Endlichem zum Unendlichen gegangen war,) dadurch, daß die Auflösung aus Unkenntniß ihres End- und Anfangspunctes schlechterdings als reales Nichts erscheinen muß, so daß jedes Bestehende also Besondere, als Alles erscheint, und ein *
sinnlicher Idealismus ein Epikuräismus erscheint, wie in Horaz, der wohl diesen Gesichtpunct nur dramatisch brauchte, in seinem *Prudens futuri temporis exitum* pp. treffend darstellt — *
also die idealische Auflösung unterscheidet sich von der sogenannt wirklichen endlich dadurch, daß diese ein reales Nichts zu seyn scheint, jene, weil sie ein Werden des ideal individuellen zum Unendlichrealen, und des unendlichrealen zum individuell idealen ist, in eben dem Grade an Gehalt und Harmonie gewinnt, jemehr sie gedacht wird als Übergang aus Bestehendem ins Bestehende, so wie auch das Bestehende in eben dem Grade an Geist gewinnt, jemehr es als entstanden aus jenem

Übergange oder entstehend zu jenem Übergange gedacht wird, so daß die Auflösung des Idealindividuellen nicht als Schwächung und Tod, sondern als Aufleben als Wachstum, die Auflösung des Unendlichneuen nicht als vernichtende Gewalt, sondern als Liebe und beedes zusammen als ein (transcendentaler) schöpferischer Act erscheint, dessen Wesen es ist, idealindividuelles und realunendliches zu vereinen, dessen Product also das mit idealindividuellem vereinigte realunendliche ist, wo dann das Unendlichreale die Gestalt des individuellidealen, und dieses das Leben des Unendlichrealen annimmt, und beede sich in einem mythischen Zustande vereinigen, wo mit dem Gegensaze des Unendlichrealen und endlichidealen, auch der Übergang aufhört, so weit daß dieser an Ruhe gewinnt, was jene an Leben gewonnen, ein Zustand welcher nicht zu verwechseln, mit dem lyrischen Unendlichrealen, so wenig als er in seiner Entstehung während des Überganges zu verwechseln ist, mit dem episch darstellbaren individuellidealen, denn in beeden Fällen vereiniget er den Geist des einen, mit der Faßlichkeit Sinnlichkeit des andern. Er ist in beeden Fällen tragisch, d.h. er vereiniget in beeden Fällen Unendlichreales mit endlichidealem, und beede Fälle sind nur gradweise verschieden, denn auch während des Überganges sind Geist und Zeichen, mit andern Worten die Materie des Überganges mit diesem und dieser mit jener (transcendentales mit isolirtem) wie beseelte Organe mit organischer Seele, harmonisch entgegengesezt Eines.

Aus dieser tragischen Vereinigung des Unendlichneuen und endlichalten entwikelt sich dann ein neues Individuelles, indem das Unendlichneue, vermittelst dessen, daß es die Gestalt des endlichalten annahm, sich nun in eigener Gestalt individualisirt.

Das neuindividuelle strebt, nun in eben dem Grade, sich zu isoliren, und aus der Unendlichkeit loszuwinden, als auf dem zweiten Gesichtspuncte das isolirte, individuell alte, sich zu verallgemeinern, und ins unendliche Lebensgefühl aufzulösen strebt. D e r M o m e n t, w o d i e P e r i o d e d e s i n d i v i d u e l l - n e u e n s i c h e n d e t, i s t d a, w o d a s U n e n d l i c h n e u e a l s a u f l ö s e n d e, a l s u n b e k a n n t e M a c h t zum individuellalten sich verhält, eben so wie in der vorigen Periode das neue, sich als unbekannte Macht zum Unendlichalten verhalten, und diese zwei Perioden sind sich entgegengesezt, und zwar die erste als Herrschaft des individuellen über das Unendliche, des einzelnen über das Ganze, der zweiten als der Herrschaft des Unendlichen über das Individuelle, des Ganzen über das Einzelne. Das Ende dieser zweiten Periode und der Anfang der dritten liegt in dem Moment, wo das Unendlichneue als Lebensgefühl (als Ich) sich zum individuellalten als Gegenstand (als Nichtich) verhält,

---

Nach diesen Gegensäzen tragische Vereinigung der Karaktere, nach dieser Gegensäze der Karaktere zum Wechselseitigen und umgekehrt. Nach diesen die tragische Vereinigung beeder.

* Wenn der Dichter einmal des Geistes mächtig ist …

* Wenn der Dichter einmal des Geistes mächtig ist, wenn er die gemeinschaftliche Seele, die allem gemein und jedem eigen ist, gefühlt und sich zugeeignet, sie vestgehalten, sich ihrer versichert hat, wenn er ferner der freien Bewegung, des harmonischen Wechsels und Fortstrebens, worinn der Geist sich in sich selber und in andern zu reproduciren geneigt ist, wenn er des schönen im Ideale des Geistes vorgezeichneten Progresses und seiner poëtischen Folgerungsweise gewiß ist, wenn er eingesehen hat, daß ein nothwendiger Widerstreit entstehe zwischen der ursprünglichsten Forderung des Geistes, die auf Gemeinschaft und einiges Zugleichseyn aller Theile geht, und zwischen der anderen Forderung, welche ihm gebietet, aus sich heraus zu gehen, und in einem schönen Fortschritt und Wechsel sich in sich selbst und in anderen zu reproduciren, wenn dieser Widerstreit ihn immer vesthält und fortzieht, auf dem Wege zur Ausführung, wenn er ferner eingesehen hat, daß einmal jene Gemeinschaft und Verwandschaft aller Theile jener geistige Gehalt gar nicht fühlbar wäre, wenn diese nicht dem sinnlichen Gehalte dem Grade nach, auch den harmonischen Wechsel abgerechnet, auch bei der Gleichheit der geistigen Form, (des Zugleich und Beisammenseyns) verschieden wäre, daß ferner jener harmonische Wechsel jenes Fortstreben, wieder nicht fühlbar und ein leeres leichtes Schattenspiel wäre, wenn die wechselnden Theile nicht auch bei der Verschiedenheit des sinnlichen Gehalts, nicht in der sinnlichen Form sich unter dem Wechsel und Fortstreben gleich bleiben, wenn er eingesehen hat, daß jener Widerstreit zwischen geistigem Gehalt (zwischen der Verwandschaft aller Theile) und geistiger Form (dem Wechsel aller Theile), zwischen dem Verweilen und Fortstreben des Geistes, sich dadurch löse, daß eben beim Fortstreben des Geistes beim Wechsel der geistigen Form die Form des Stoffes in allen Theilen identisch bleibe, und daß sie eben so viel erseze, als von ursprünglicher Verwandtschaft und Einigkeit der Theile verloren werden muß im harmonischen Wechsel, daß sie den ob-

jectiven Gehalt ausmache im Gegensaze gegen die geistige Form, und dieser ihre völlige Bedeutung gebe, daß auf der anderen Seite, der materielle Wechsel des Stoffes, der das Ewige des geistigen Gehalts begleitet, die Mannigfaltigkeit desselben die Forderungen des Geistes, die er in seinem Fortschritt macht, und die durch die Forderung der Einigkeit und Ewigkeit in jedem Momente aufgehalten sind, befriedige, daß eben dieser materielle Wechsel die objective Form, die Gestalt ausmache im Gegensaze gegen den geistigen Gehalt; wenn er eingesehen hat, daß anderer seits der Widerstreit zwischen dem materiellen Wechsel, und der materiellen Identität, dadurch gelöst werde, daß der Verlust von materieller Identität[1] (des geahndeten Totalein- *

[1] materielle Identität? sie muß ursprünglich das im Stoffe seyn, vor dem materiellen Wechsel, was im Geiste die Einigkeit vor dem idealischen Wechsel ist, sie muß der sinnliche Berührungspunkt aller Theile seyn. Der Stoff muß nehmlich auch, wie der Geist, vom Dichter zu eigen gemacht, und vestgehalten werden, mit freiem Interesse, wenn er einmal in seiner ganzen Anlage gegenwärtig ist, wenn der Eindruk den er auf den Dichter gemacht, das erste Wohlgefallen, das auch zufällig seyn könnte, untersucht, und als receptiv für die Behandlung des Geistes und wirksam, angemessen gefunden worden ist, für den Zwek, daß der Geist sich in sich selber und in anderen reproducire, wenn er nach dieser Untersuchung wieder empfunden, und in allen seinen Theilen wieder hervorgerufen, und in einer noch unausgesprochenen gefühlten Wirkung begriffen ist. Und diese Wirkung ist eigentlich die Identität des Stoffs, weil in ihr sich alle Theile concentriren. Aber sie ist unbestimmt gelassen, der Stoff ist noch unentwikelt. Er muß in allen seinen Theilen deutlich ausgesprochen, und eben hiedurch in der Lebhaftigkeit seines Totaleindruks geschwächt werden. Er muß diß, denn in der unausgesprochenen Wirkung ist er wohl dem Dichter aber nicht andern gegenwärtig, überdiß hat diß in der unausgesprochenen Wirkung der Geist noch nicht wirklich reproducirt, sie giebt ihm nur die Fähigkeit, die im Stoffe dazu liegt zu erkennen, und ein Streben, die Reproduction zu realisiren. Der Stoff muß also vertheilt, der Totaleindruk muß aufgehalten, und die Identität ein Fortstreben von einem Puncte zum andern werden, wo denn der Totaleindruk sich wohl also findet, daß der Anfangspunct und Mittelpunct und Endpunct in der innigsten Beziehung stehen, so daß beim Beschlusse der Endpunct auf den Anfangspunct und dieser auf den Mittelpunct zurükkehrt.

druks) vom leidenschaftlichen, die Unterbrechung fliehenden Fortschritt ersezt wird durch den immerforttönenden allesausgleichenden *geistigen Gehalt*, und der Verlust an materieller Mannigfaltigkeit, der durch das schnellere Fortstreben zum Hauptpunct und Eindruk, durch diese materielle Identität entsteht, ersezt wird, durch die immerwechselnde idealische geistige Form; wenn er eingesehen hat, wie umgekehrter weise eben der Widerstreit zwischen geistigem ruhigem Gehalt und geistiger wechselnder Form, so viel sie unvereinbar sind, so auch der Widerstreit zwischen materiellem *Wechsel* und materiellem *identischem* Fortstreben zum Hauptmoment, so viel sie unvereinbar sind, das eine wie das andere *fühlbar* macht, wenn er endlich eingesehen hat, wie der Widerstreit des geistigen Gehalts und der idealischen Form einerseits, und des materiellen Wechsels und identischen Fortstrebens andererseits sich vereinigen in den Ruhepuncten und Hauptmomenten, und so viel sie in diesen nicht vereinbar sind, eben in diesen auch und ebendeßwegen fühlbar und gefühlt werden, wenn er dieses eingesehen hat, so kommt ihm alles an auf die Receptivität des Stoffs zum idealischen Gehalt und zur idealischen Form. Ist er des einen gewiß und mächtig wie des andern, der Receptivität des Stoffs, wie des Geistes, so kann es im Hauptmomente nicht fehlen.

Wie muß nun der Stoff beschaffen seyn, der für das Ideali- * sche, für seinen Gehalt, für die Metapher, und seine Form, den Übergang, vorzüglich receptiv ist?

Der Stoff ist entweder eine Reihe von Begebenheiten, oder Anschauungen Wirklichkeiten subjectiv oder objectiv zu beschreiben, zu mahlen, oder er ist eine Reihe von Bestrebungen Vorstellungen Gedanken, oder Leidenschaften Nothwendigkeiten subjectiv oder objectiv zu bezeichnen oder eine Reihe von Phantasien Möglichkeiten subjectiv oder objectiv zu bilden.[1]

[1] Ist die Empfindung Bedeutung, so ist die Darstellung bildlich, und die geistige Behandlung zeigt sich — episodisch.

* Ist die Intellectuale Anschauung Bedeutung, so ist der Ausdruk das materielle leidenschaftlich, die geistige Behandlung zeigt sich mehr im Styl.

Ist die Bedeutung ein eigentlicherer Zwek, so ist der Ausdruk sinnlich, die freie Behandlung metaphorisch.

In allen drei Fällen muß er der idealischen Behandlung fähig seyn, wenn nemlich ein ächter Grund zu den Begebenheiten, zu den Anschauungen die erzählt, beschrieben, oder zu den Gedanken und Leidenschaften, welche gezeichnet, oder zu den Phantasien, welche gebildet werden sollen, vorhanden ist, wenn die Begebenheiten oder Anschauungen hervorgehn aus rechten Bestrebungen, die Gedanken und Leidenschaften aus einer rechten Sache, die Phantasien aus schöner Empfindung. Dieser Grund des Gedichts, seine Bedeutung, soll den Übergang bilden zwischen dem Ausdruk, dem Dargestellten, dem sinnlichen Stoffe, dem eigentlich ausgesprochenen im Gedichte, und zwischen dem Geiste, der idealischen Behandlung. Die Bedeutung des Gedichts kann zweierlei heißen, so wie auch der Geist, das idealische, wie auch der Stoff die Darstellung zweierlei heißen, nemlich in so fern es angewandt oder unangewandt verstanden wird. Unangewandt sagen diese Worte nichts aus, als die poëtische Verfahrungsweise, wie sie genialisch und vom Urtheile geleitet in jedem ächtpoetischen Geschäffte bemerkbar ist; angewandt bezeichnen jene Worte die Angemessenheit des jedesmaligen poetischen Wirkungskreises, zu jener Verfahrungsweise, die Möglichkeit, die im Elemente liegt, jene Verfahrungsweise zu realisiren, so daß man sagen kann, im jedesmaligen Elemente liege objectiv und reell Idealisches dem Idealischen, lebendiges dem lebendigen, individuelles dem Individuellen gegenüber, und es fragt sich nur, was unter diesem Wirkungskreise zu verstehen sei. Er ist das, worinn und woran das jedesmalige poëtische Geschäfft und Verfahren sich realisirt, das Vehikel des Geistes, wodurch er sich in sich selbst und in andern reproducirt. A n sich ist der Wirkungskreis größer als der poëtische Geist, aber nicht f ü r sich selber. Insofern er im Zusammenhange der Welt betrachtet wird, ist er größer; insofern er vom Dichter vestgehalten, und zugeeignet ist, ist er subordinirt. Er ist der Tendenz nach, dem Gehalte seines Strebens nach dem poëtischen Geschäffte entgegen, und der Dichter wird nur zu leicht durch seinen Stoff irre geführt, indem dieser aus dem Zusammenhange der lebendigen Welt genommen der poëtischen Beschränkung widerstrebt, indem er dem Geiste nicht

* blos als Vehikel dienen will; indem, wenn auch recht gewählt ist, sein nächster und erster Fortschritt, in Rüksicht auf ihn Gegensaz und Sporn ist, in Rüksicht auf das Dichterische Erfüllung, so daß sein zweiter Fortschritt zum Theil unerfüllt zum Theil erfüllt werden muß. p.p.

Es muß sich aber zeigen, wie dieses Widerstreits ungeachtet, in dem der poetische Geist bei seinem Geschäffte mit dem jedesmaligen Elemente und Wirkungskreise steht, dieser dennoch jenen begünstige, und wie sich jener Widerstreit auflöse, wie in dem Elemente das sich der Dichter zum Vehikel wählt, dennoch eine Receptivität für das poëtische Geschäfft liege, und wie er alle Forderungen, die ganze poëtische Verfahrungswei-
* se in ihrem Metaphorischen ihrem Hyberbolischen, und ih-
* rem Karakter in sich realisire in Wechselwirkung mit dem Elemente, das zwar in seiner anfänglichen Tendenz widerstrebt, und geradentgegengesezt ist, aber im Mittelpuncte sich mit jenem vereiniget.

Zwischen dem Ausdruke (der Darstellung) und der freien idealischen Behandlung liegt die Begründung und Bedeutung des Gedichts. Sie ists, die dem Gedichte seinen Ernst, seine Vestigkeit, seine Wahrheit giebt, sie sichert das Gedicht davor, daß die freie idealische Behandlung nicht zur leeren Manier, und Darstellung nicht zur Eitelkeit werde. Sie ist das geistigsinnliche, das formalmaterielle, des Gedichts; und wenn die idealische Behandlung in ihrer Metapher, ihrem Übergang, ihrer Episode, mehr vereinigend ist, hingegen der Ausdruk, die Darstellung in ihren Karakteren, ihrer Leidenschaft, ihren Individualitäten mehr trennend, so stehet die Bedeutung inne zwischen beiden, sie zeichnet sich aus dadurch, daß sie sich selber überall entgegengesezt ist: daß sie, statt daß der Geist alles der Form nach entgegengesezte vergleicht, alles einige trennt, alles freie festsezt, alles Besondere verallgemeinert, weil nach ihr das Behandelte nicht blos ein individuelles Ganze, noch ein mit seinem harmonischentgegengesezten zum Ganzen verbundenes Ganze, sondern ein Ganzes überhaupt ist und die Verbindung mit dem Harmonischentgegengesezten auch möglich ist durch ein der individuellen Tendenz, dem Gehalt nach, aber nicht der Form nach entgegengeseztes; daß sie durch Entgegensezung durch das Berühren der Extreme vereiniget, indem diese sich nicht dem Gehalte nach, aber in der Richtung und Grade der Entgegensezung vergleichbar sind, so daß sie auch das Widersprechendste vergleicht, und durchaus hyperbolisch ist, daß sie nicht fortschreitet durch Entgegensezung in der Form, wo aber das erste dem zweiten dem Gehalte nach verwandt ist, sondern durch Entgegensezung im Gehalt, wo aber das erste dem zweiten der Form nach gleich ist, so daß naive und heroische und idealische Tendenz, im Object ihrer Tendenz sich widersprechen, aber in der Form des Widerstreits und Strebens vergleichbar sind, und einig nach dem Geseze der Thätigkeit, also einig im Allgemeinsten, im Leben.

Eben dadurch, durch dieses hyperbolische Verfahren, nach welchem das idealische, harmonisch entgegengesezte und verbundene, nicht blos als dieses als schönes Leben, sondern auch als Leben überhaupt betrachtet, also auch als eines andern Zustandes fähig betrachtet wird, und zwar nicht eines andern harmonischentgegengesezten, sondern eines geradentgegengesezten, eines Äußersten, so daß dieser neue Zustand mit dem vorigen nur vergleichbar ist durch die Idee des Lebens überhaupt, — eben dadurch giebt der Dichter dem Idealischen einen Anfang, eine Richtung, eine Bedeutung. Das idealische in dieser Gestalt ist der subjective Grund des Gedichts, von dem aus, auf den zurükgegangen wird, und da das innere idealische Leben in verschiedenen Stimmungen aufgefaßt, als Leben überhaupt, als ein verallgemeinbares, als ein vestsezbares, als ein trennbares betrachtet werden kann, so giebt es auch verschiedene Arten des subjectiven Begründens; entweder wird die idealische Stimmung als Empfindung aufgefaßt dann ist sie der subjective Grund des Gedichts, die Hauptstimmung des Dichters beim ganzen Geschäffte, und eben weil sie als Empfindung vestgehalten ist, wird sie durch das Begründen als ein verallgemeinbares betrachtet, — oder sie wird als Streben vestgesezt, dann wird sie die Hauptstimmung des Dichters beim ganzen Geschäffte, und daß sie als Streben festgesezt ist, macht daß sie als erfüllbares durch das Begründen betrachtet wird, oder wird sie als intellectuale Anschauung vestgehalten, dann ist diese die Grundstimmung des Dichters beim ganzen Geschäffte, und eben daß sie als diese vestgehalten worden ist, macht daß sie als realisirbares betrachtet wird. Und so fordert und bestimmt die subjective Begründung eine objective, und bereitet sie vor. Im ersten Fall wird also der Stoff als allgemeines zuerst, im zweiten als erfüllendes, im dritten als geschehendes, aufgefaßt werden.

Ist das freie idealische poetische Leben einmal so fixirt, und ist ihm, je nachdem es fixirt war, seine Bedeutsamkeit gegeben, als verallgemeinbares, als erfüllbares, als realisirbares, ist es, auf diese Art, durch die Idee des Lebens überhaupt, mit seinem direct entgegengesezten verbunden, und hyperbolischgenommen, so fehlt in der Verfahrungsweise des poëtischen Geistes noch ein wichtiger Punct, wodurch er seinem Geschäffte nicht die Stimmung, den Ton, auch nicht die Bedeutung und Richtung, aber die Wirklichkeit giebt.

Als reines poëtisches Leben betrachtet, bleibt nemlich seinem Gehalte nach, vermöge des Harmonischen überhaupt und des zeitlichen Mangels als ein mit harmonischentgegengesezten verbundenes, das poëtische Leben sich durchaus einig, und nur im Wechsel der Formen ist es entgegengesezt, nur in der Art nicht im Grunde seines Fortstrebens, es ist nur schwebender oder verweilender oder schneller, nur gehaltener oder nachgelaßner oder gespannter, nur geschwungner oder zielender oder geworfner, nur zufällig mehr oder weniger unterbrochen; als durch die poetische Reflexion vermöge der Idee des Lebens überhaupt und des Mangels in der Einigkeit bestimmtes und begründetes Leben betrachtet, fängt es mit einer idealischkarakteristischen Stimmung an, es ist nun nicht mehr ein mit harmonischentgegengesezten Verbundenes überhaupt, es ist als solches in bestimmter Form vorhanden, und schreitet fort im Wechsel der Stimmungen, wo jedesmal die nachfolgende durch die vorhergehende bestimmt, und ihr dem Gehalt nach, das heißt, den Organen nach, in denen sie begriffen, entgegengesezt und insofern individueller allgemeiner voller ist, so daß die verschiedenen Stimmungen nur in dem worinn das reine seine Entgegensezung findet, nemlich in der Art des Fortstrebens, verbunden sind, als Leben überhaupt, so daß das rein poëtische Leben nicht mehr zu finden ist, denn in jeder der wechselnden Stimmungen ist es in besonderer Form also mit seinem geradentgegengesezten verbunden, also nicht mehr rein, im Ganzen ist es nur als fortstrebendes und nach dem Geseze des Fortstrebens nur als Leben überhaupt vorhanden, und es herrscht auf diesem Gesichtspuncte durchaus ein Widerstreit von Individuellem (Materialem), Allgemeinem (Formalem) und Reinem.

Das Reine als in jeder besondern Stimmung begriffenes widerstreitet dem Organ in dem es begriffen, es widerstreitet dem Reinen des andern Organs, es widerstreitet dem Wechsel.

Das Allgemeine widerstreitet als besonderes Organ (Form) als karakteristische Stimmung dem Reinen, welches es in dieser Stimmung begreift, es widerstreitet als Fortstreben im Ganzen dem Reinen, welches in ihm begriffen ist, es widerstreitet als karakteristische Stimmung der zunächst liegenden.

Das Individuelle widerstreitet dem Reinen welches es begreift, es widerstreitet der zunächstliegenden Form, es widerstreitet als Individuelles dem Allgemeinen des Wechsels.

Die Verfahrungsweise des poëtischen Geistes bei seinem Geschäffte kann also unmöglich hiemit enden. Wenn sie die wahre ist, so muß noch etwas anders in ihr aufzufinden seyn, und es muß sich zeigen, daß die Verfahrungsart, welche dem Gedichte seine Bedeutung giebt, nur der Übergang vom Reinen zu diesem Aufzufindenden, so wie rükwärts von diesem zum Reinen ist. (Verbindungsmittel zwischen Geist und Zeichen.) *

Wenn nun das dem Geiste direct entgegengesezte, das Organ, worinn er enthalten und wodurch alle Entgegensezung möglich ist, könnte betrachtet und begriffen werden, nicht nur als das, *wodurch* das Harmonischverbundene formal entgegengesezt, sondern, wodurch es auch formal verbunden ist, wenn es könnte betrachtet und begriffen werden, nicht nur als das wodurch die verschiedenen harmonischen Stimmungen materiell entgegengesezt und formal verbunden, sondern wodurch sie auch materiell verbunden und formal entgegengesezt sind, wenn es könnte betrachtet und begriffen werden nicht nur als das, was als verbindendes blos formales Leben überhaupt, und als besonderes und materielles nicht verbindend, nur entgegensezend und trennend, ist, wenn es als materielles als verbindend, wenn das Organ des Geistes könnte betrachtet werden als dasjenige, welches, um das harmonischentgegengesezte möglich zu machen, receptiv seyn muß so wohl für das eine, wie für das andre harmonischentgegengesezte, daß es also, insofern es für das reinpoëtische Leben formale Entgegensezung ist, auch formale Verbindung seyn muß, daß es, insofern es für das bestimmte poetische Leben und seine Stimmungen material entgegensezend ist, auch material verbindend seyn muß, daß das Begränzende, Bestimmende nicht negativ, daß es auch positiv ist, daß es zwar bei harmonisch verbundenem abgesondert betrachtet dem einen wie dem andern entgegengesezt ist, aber beide zusammengedacht die Vereinigung von beiden ist, dann wird derjenige Act des Geistes, welcher in Rüksicht auf die Bedeutung nur einen durchgängigen Widerstreit zur Folge hatte, ein ebenso vereinigender seyn, als er entgegensezend war.

Wie wird er aber in dieser Qualität begriffen? als möglich und als nothwendig? Nicht blos durch das Leben überhaupt, denn so ist er es, in so fern er blos als material entgegensezend und formal verbindend, das Leben direkt bestimmend, betrachtet wird. Auch nicht blos durch die Einigkeit überhaupt, denn so ist er es, insofern er blos als formal entgegensezend betrachtet wird, aber im Begriffe der Einheit des Einigen, so daß von harmonischverbundenem eines wie das andere im Puncte der Entgegensezung und Vereinigung vorhanden ist, und daß der Geist in diesem Puncte in seiner Unendlichkeit fühlbar ist, der durch die Entgegensezung als Endliches erschien, daß das Reine, das dem Organ an sich widerstritt, in eben diesem Organ sich selber gegenwärtig und so erst ein Lebendiges ist, daß, wo es in verschiedenen Stimmungen vorhanden ist, die unmittelbar auf die Grundstimmung folgende nur der verlängerte Punct ist, der dahin, nemlich zum Mittelpuncte führt, wo sich die harmonisch entgegengesezten Stimmungen begegnen, daß also gerade im stärksten Gegensaz, im Gegensaz der ersten idealischen und zweiten künstlichreflectirten Stimmung, in der materiellsten Entgegensezung, (die zwischen harmonischverbundenem im Mittelpuncte zusammentreffendem, im Mittelpuncte gegenwärtigem Geist und Leben liegt), daß gerade in dieser materiellsten Entgegensezung welche sich selbst entgegengesezt ist, (in Beziehung auf den Vereinigungspunct wohin sie strebt,) in den widerstreitenden fortstrebenden Acten des Geistes, wenn sie nur aus dem wechselseitigen Karakter der harmonischentgegengesezten Stimmungen entstehen, daß gerade da das Unendlichste sich am fühlbarsten am negativpositivsten und hyperbolisch darstellt, daß durch diesen Gegensaz der Darstellung des Unendlichen im widerstreitenden Fortstreben zum Punct, und seines Zusammentreffens im Punct die simultane Innigkeit und Unterscheidung der harmonischentgegengesezten lebendigen zum Grunde liegenden Empfindung ersezt, und zugleich klarer von dem freien Bewußtseyn und gebildeter, allgemeiner, als eigene Welt der Form nach, als Welt in der Welt, und so als Stimme des Ewigen zum Ewigen dargestellt wird.

Der Poëtische Geist kann also in der Verfahrungsweise, die er bei seinem Geschäffte beobachtet, sich nicht begnügen, in einem harmonischentgegengesezten Leben, auch nicht bei dem Auffassen und Vesthalten desselben durch hyperbolische Entgegensezung, wenn er so weit ist, wenn es seinem Geschäffte weder an harmonischer Einigkeit noch an Bedeutung und Energie gebricht, weder an harmonischem Geiste überhaupt, noch an harmonischem Wechsel gebricht, so ist nothwendig, wenn das Einige nicht entweder (sofern es an sich selbst betrachtet werden kann) als ein Ununterscheidbares sich selbst aufheben und zur leeren Unendlichkeit werden soll, oder wenn es nicht in einem Wechsel von Gegensäzen, seien diese auch noch so harmonisch, seine Identität verlieren, also nichts Ganzes und Einiges mehr seyn, sondern in eine Unendlichkeit isolirter Mo-

* mente (gleichsam eine Atomenreihe) zerfallen soll, — ich sage so ist nothwendig, daß der poëtische Geist bei seiner Einigkeit, und harmonischem Progreß auch einen unendlichen Gesichtspunct sich gebe, beim Geschäffte eine Einheit, wo er im harmonischen Progreß und Wechsel alles vor und rükwärts gehe, und durch seine *durchgängige karakteristische Beziehung* auf diese Einheit nicht blos objectiven Zusammenhang, für den Betrachter, auch gefühlten und fühlbaren Zusammenhang und Identität im Wechsel der Gegensäze gewinne, und es ist seine lezte Aufgabe, beim harmonischen Wechsel einen Faden, eine Erinnerung zu haben, damit der Geist nie im einzelnen Momente, und wieder einem einzelnen Momente, sondern in einem Momente wie im andern fortdauernd, und in den verschiedenen Stimmungen sich gegenwärtig bleibe, so wie er sich ganz gegenwärtig ist, *in der unendlichen Ein-* * *heit*, welche einmal Scheidepunct des Einigen als Einigen, dann aber auch Vereinigungspunct des Einigen als Entgegengesezten, endlich auch beedes zugleich ist, so daß in ihr das Harmonischentgegengesezte weder als Einiges entgegengesezt, noch als Entgegengeseztes vereinigt, sondern als beedes in *Einem* als einig entgegengeseztes unzertrennlich gefühlt, und als gefühltes erfunden wird. Dieser Sinn ist eigentlich poëtischer Karakter, weder Genie noch Kunst, poëtische Individualität — und dieser allein ist die Identität der Begeisterung und die Vollendung des Genie und der Kunst, die Vergegenwärtigung des Unendlichen, der göttliche Moment gegeben.

Sie ist also nie blos Entgegensezung des Einigen, auch nie blos Beziehung Vereinigung des Entgegengesezten und Wechselnden, Entgegengeseztes und Einiges ist in ihr unzertrennlich. Wenn diß ist, so kann sie in ihrer Reinheit und subjectiven Ganzheit, als ursprünglicher Sinn, zwar in den Acten des Entgegensezens und Vereinigens, womit sie in Harmonischentgegengeseztem Leben wirksam ist passiv seyn, aber in ihrem lezten Act, wo das Harmonischentgegengesezte als Harmonisches entgegengeseztes, das Einige als Wechselwirkung in ihr als Eines begriffen ist, in diesem Acte kann und darf sie schlechterdings nicht durch sich selbst begriffen, sich selber zum Objecte werden, wenn sie nicht statt einer unendlich einigen und lebendigen * Einheit, eine todte und tödtende Einheit ein unendlich positives gewordenes seyn soll; denn wenn Einigkeit und Entgegensezung in ihr unzertrennlich verbunden und Eines ist, so kann sie der Reflexion weder als entgegensezbares Einiges, noch als vereinbares Entgegengeseztes erscheinen, sie kann also gar nicht erscheinen, oder nur im Karakter eines positiven Nichts, * eines unendlichen Stillstands, und es ist die Hyperbel aller Hyperbeln der kühnste und lezte Versuch des poëtischen Geistes, wenn er in seiner Verfahrungsweise ihn je macht, die ursprüngliche poëtische Individualität, das poëtische Ich aufzufassen, ein Versuch, wodurch er diese Individualität und ihr reines Object, das Einige, und Lebendige, harmonische, wechselseitig wirksame Leben aufhöbe, und doch muß er es, denn da er alles, was er in seinem Geschäffte ist, mit *Freiheit* seyn soll, und muß, indem er eine eigene Welt schafft, und der Instinkt natürlicher weise zur eigentlichen Welt, in der er da ist, gehört, da er also alles mit Freiheit seyn soll, so muß er sich auch dieser seiner Individualität versichern. Da er aber sie nicht durch sich selbst und an sich selbst erkennen kann, so ist ein äußeres Object nothwendig und zwar ein solches, wodurch die reine Individualität, unter mehreren besondern weder blos entgegensezenden, noch blos beziehenden sondern poëtischen Karakteren, die sie annehmen kann, irgend Einen anzunehmen bestimmt werde, so daß also sowohl an der reinen Individualität, als an den andern Karakteren, die jezt gewählte Individualität und ihr durch den jezt gewählten Stoff bestimmter Karakter, erkennbar und mit Freiheit vestzuhalten ist.

(Innerhalb der subjectiven Natur kann das Ich nur als Entgegensezendes, * oder als Beziehendes, innerhalb der subjectiven Natur kann es sich aber nicht als poëtisches Ich in dreifacher Eigenschaft erkennen, denn so wie es innerhalb der subjectiven Natur erscheint, und von sich selber unterschieden wird, und an und durch sich selber unterschieden, so muß das erkannte immer nur mit dem Erkennenden und der Erkenntniß beeder zusammengenommen jene dreifache Natur des poëtischen Ich ausmachen, und weder als Erkanntes aufgefaßt vom Erkennenden, noch als Erkennendes aufgefaßt vom Erkennenden, noch als Erkanntes und Erkennendes aufgefaßt, von der Erkenntniß, noch als Erkenntniß aufgefaßt vom Erkennenden, in keiner dieser drei abgesondert gedachten Qualitäten, wird es als reines poëtisches Ich in seiner dreifachen Natur, als entgegensezend das harmonische entgegengesezte, als (formal) vereinigend das harmonischentgegengesezte, als in Einem begreiffend das harmonischentgegengesezte, die Entgegensezung und Vereinigung, erfunden, im Gegentheile bleibt es mit und für sich selbst im realen Widerspruche.[1] — Also nur, in-

[1] Indem nemlich das Ich in seiner subjectiven Natur sich von sich selber unterscheidet und sich sezt als Entgegensezende Einheit im harmonischentgegengesezten, insofern dieses harmonisch ist, oder als Vereinende Einheit im harmonischentgegengesezten, insofern dieses Entgegengesezt ist so muß es entweder die Realität des Gegensazes, des Unterschiedes, in dem es sich selbst erkennt läugnen, und das Unterscheiden innerhalb der subjectiven Natur entweder für eine Täuschung und Willkür erklären, die es sich selbst als Einheit macht, um seine Identität zu erkennen, dann ist auch die Identität, als daraus erkannt, eine Täuschung, es erkennt sich nicht, ist nicht Einheit, oder es nimmt die Unterscheidung von sich selber für (dogmatisch) real an, daß nemlich das Ich als unterscheidendes oder als vereinendes sich verhalte, je nachdem es in seiner subjectiven Natur, ein zu unterscheidendes oder ein zu vereinendes vorfinde; es sezt sich also als unterscheidendes und als vereinendes abhängig, und weil diß in seiner subjectiven Natur stattfinden soll, von der es nicht abstrahiren kann ohne sich aufzuheben, absolut abhängig in seinen Acten, so daß es weder als entgegensezendes noch als vereinendes sich selbst, seinen Act erkennt. In diesem Falle kann es sich wieder nicht als Identisch erkennen, weil die verschiedenen Acte in denen es vorhanden ist, nicht seine Acte sind, es kann sich nicht einmal sezen als in diesen Acten begriffen, denn diese Acte hängen nicht von ihm ab, nicht das Ich ist das von sich selber unterschiedene, sondern seine Natur ists, in der es sich als getriebenes so verhält.

Aber wenn nun auch das Ich sich sezen wollte als identisch mit dem harmonischentgegengesezten seiner Natur, (den Widerspruch zwischen Kunst und Genie, Freiheit und organischer Notwendigkeit, diesen ewigen Knoten mit einem Schwerdt zerhauen) so hilft es nichts; denn ist der Unterschied des Entgegensezens und Vereinens nicht reell, so ist weder das Ich in seinem harmonischentgegengeseztem Leben, noch das harmonischentgegengesezte Leben im Ich als Einheit erkennbar; ist er reell, so ist wieder-

sofern es nicht von sich selber und an und durch sich selber unterschieden wird, wenn es durch ein drittes bestimmt unterscheidbar gemacht wird, wenn dieses dritte, in so ferne es mit Freiheit erwählt war, insofern auch in seinen Einflüssen und Bestimmungen die reine Individualität nicht aufhebt, sondern von dieser betrachtet werden kann, wo sie dann zugleich sich selbst als ein durch eine Wahl bestimmtes, empyrischindividualisirtes und karakterisirtes betrachtet, nur dann ist es möglich, daß das Ich im harmonischentgegengesezten Leben als Einheit, und umgekehrt das harmonisch-entgegengesezte, als Einheit im Ich erscheine und in schöner Individualität zum Objecte werde.)

a) Wie ist es aber möglich? im Allgemeinen?

b) Wenn es auf solche Art möglich ist, daß das Ich sich in poëtischer Individualität erkenne und verhalte, welches Resultat entspringt daraus für die poëtische Darstellung? — Es erkennt in den dreierlei subjectiven und objectiven Versuchen das Streben zu reiner Einheit.

a) Wenn der Mensch in diesem Alleinseyn, in diesem Leben mit sich selbst, diesem widersprechenden Mittelzustande zwischen natürlichem Zusammenhange mit einer natürlich vorhandenen Welt, und zwischen dem höheren Zusammenhange mit einer auch natürlich vorhandenen aber mit freier Wahl zur Sphäre erkornen voraus erkannten und in allen ih-

um weder das Ich im harmonisch entgegengesezten als Einheit durch sich erkennbar, denn es ist ein getriebenes, noch ist das Harmonischentgegengesezte als Einheit erkennbar in seinem Ich, denn diß ist, als getriebenes nicht als Einheit erkennbar.

Alles kommt also darauf an, daß das Ich nicht blos mit seiner subjectiven Natur, von der es nicht abstrahiren kann ohne sich aufzuheben, in Wechselwirkung bleibe, sondern daß es sich mit Freiheit ein Object wähle, von dem es, wenn es will abstrahiren kann, um von diesem durchaus angemessen bestimmt zu werden und es zu bestimmen.

Hierin liegt die Möglichkeit, daß das Ich im harmonischentgegengesezten Leben als Einheit, und das Harmonisch-Entgegengesezte, als Einheit erkennbar werde im Ich in reiner (poëtischer) Individualität. Zur freien Individualität wird, zur Einheit und Identität für sich selbst gelangt das reine subjective Leben erst durch die Wahl seines Gegenstandes.

ren Einflüssen nicht ohne seinen Willen ihn bestimmenden Welt, wenn er in jenem Mittelzustande zwischen Kindheit und reifer Humanität zwischen mechanisch schönem und menschlich schönem, mit Freiheit schönem Leben gelebt hat, und diesen Mittelzustand erkannt und erfahren, wie er schlechterdings im Widerspruche mit sich selber, im nothwendigen Widerstreite 1) des Strebens zur reinen Selbstheit und Identität, 2) des Strebens zur Bedeutenheit und Unterscheidung, 3) des Strebens zur Harmonie verbleiben, und wie in diesem Widerstreite jede dieser Bestrebungen sich aufheben und als unrealisirbar sich zeigen muß, wie er also resigniren, in Kindheit zurückfallen oder in fruchtlosen Widersprüchen mit sich selber sich aufreiben muß, wenn er in diesem Zustande verharrt, so ist Eines, was ihn aus dieser traurigen Alternative zieht, und das Problem frei zu seyn, wie ein Jüngling, und in der Welt zu leben wie ein Kind, der Unabhängigkeit eines kultivirten Menschen, und der Accomodation eines gewöhnlichen Menschen löst sich auf in Befolgung der Regel:

Seze dich mit freier Wahl in harmonische Entgegensezung mit einer äußeren Sphäre, so wie du in dir selber in harmonischer Entgegensezung bist, von Natur, aber unerkennbarer weise so lange du in dir selbst bleibst.

Denn hier, in Befolgung dieser Regel ist ein wichtiger Unterschied von dem Verhalten im vorigen Zustande.

Im vorigen Zustande, in dem des Alleinseyns nemlich konnte darum die harmonischentgegengesezte Natur nicht zur erkennbaren Einheit werden, weil das Ich, ohne sich aufzuheben, sich weder als thätige Einheit sezen und erkennen könnte, ohne die Realität der Unterscheidung, also die Realität des Erkennens aufzuheben, noch als leidende Einheit, ohne die Realität der Einheit, ihr Kriterium der Identität, nemlich die Thätigkeit aufzuheben, und daß das Ich, indem es seine Einheit im Harmonischentgegengesezten, und das Harmonischentgegengesezte in seiner Einheit zu erkennen strebt, sich so absolut und dogmatisch als thätige Einheit, oder als leidende Einheit sezen muß, entstehet daher, weil es, um sich selber durch sich selber zu erkennen, die natürliche innige Verbindung, in der es mit sich selber steht, und wodurch das Unterscheiden ihm erschwert wird, nur durch eine unnatürliche (sich selber aufhebende) Unterscheidung ersezen kann, weil es so von Natur Eines in seiner Verschiedenheit mit sich selber ist, daß die zur Erkenntniß nothwendige Verschiedenheit die es sich durch Freiheit giebt, nur in Extremen möglich ist, also nur in Streben in Denkversuchen, die auf diese Art realisirt, sich selber aufheben würden, weil es um seine Einheit im (subjectiven) harmonischentgegengesezten, und das (subjective) Harmonisch-Entgegengesezte in seiner Einheit zu erkennen, nothwendiger weise von sich selber abstrahiren muß, insofern es im (subjectiven) harmonischentgegengesezten gesezt ist, und auf sich reflectiren, insofern es nicht im subjectiven Harmonischentgegengesezten gesezt ist, und umgekehrt, da es aber diese Abstraction von seinem Seyn im subjectiven Harmonischentgegengesezten, und diese Reflexion aufs Nichtseyn in ihm nicht machen kann, ohne sich und das Harmonischentgegengesezte, ohne das subjective Harmonische und Entgegengesezte und die Einheit aufzuheben, so müssen auch die Versuche, die es auf diese Art dennoch macht, solche Versuche seyn, die wenn sie auf diese Art realisirt würden, sich selbst aufhöben.

Diß ist also der Unterschied zwischen dem Zustande des Alleinseyns (der Ahndung seines Wesens) und dem neuen Zustande, wo sich der Mensch mit einer äußern Sphäre, durch freie Wahl in harmonische Entgegensezung sezt, daß er, eben weil er mit dieser nicht so innig verbunden ist, von dieser abstrahiren und von sich, in so fern er in ihr gesezt ist, und auf sich reflectiren kann, in so fern er nicht in ihr gesezt ist, diß ist der Grund, warum er aus sich herausgeht, diß die Regel für seine Verfahrungsart in der äußeren Welt. Auf diese Art erreicht er seine Bestimmung, welche ist — Erkenntniß des Harmonischentgegengesezten in ihm, in seiner Einheit und Individualität, und hinwiederum Erkenntniß seiner Identität, seiner Einheit und Individualität im Harmonischentgegengesezten. Diß ist die wahre Freiheit seines Wesens, und wenn er an dieser äußerlichen Harmonischentgegengesezten Sphäre nicht zu sehr hängt, nicht identisch mit ihr wird, wie mit sich selbst, so daß er nimmer von ihr abstrahiren kann, noch auch zu sehr an sich sich hängt, und von sich als Unabhängigem zu wenig abstrahiren kann, wenn er weder auf sich zu sehr reflectirt, noch auf seine Sphäre und Zeit zu sehr reflectirt, dann ist er auf dem rechten Wege seiner Bestimmung. Die Kindheit des gewöhnlichen Lebens, wo er identisch mit der Welt war, und gar nicht von ihr abstrahiren konnte, ohne Freiheit war, deswegen ohne Erkenntniß seiner selbst im Harmonischentgegengesezten, noch des Harmonischentgegengesezten in ihm selbst, an sich betrachtet ohne Vestigkeit, Selbstständigkeit, eigentliche Identität im reinen Leben, diese Zeit wird von ihm als die Zeit der Wünsche betrachtet werden, wo der Mensch sich im Harmonischentgegengesezten und jenes in ihm selber als Einheit zu erkennen strebt, dadurch daß er sich dem objectiven Leben ganz hingiebt; wo aber sich die Unmöglichkeit einer erkennbaren Identität im Harmonischentgegengesezten objectiv zeigt, wie sie subjectiv schon gezeigt worden ist. Denn, da er in diesem Zustande sich gar nicht in seiner subjectiven Natur kennt, blos objectives Leben im objectiven ist, so kann er die Einheit im harmonischentgegengesezten nur dadurch zu erkennen streben, daß er in seiner Sphäre von der er so wenig abstrahiren kann, als der subjective Mensch von seiner subjectiven Sphäre, eben so verfährt wie dieser in der seinen. Er ist in ihr gesezt als in Harmonischentgegengeseztem. Er muß sich zu erkennen streben, sich von sich selber in ihr zu unterscheiden suchen, indem er sich zum Entgegensezenden macht, in so ferne sie harmonisch ist, und zum Vereinenden, in so ferne sie entgegengesezt ist. Aber wenn er sich in dieser Verschiedenheit zu erkennen strebt, so muß er entweder die Realität des Widerstreits, in dem er sich mit sich selber findet, vor sich selber läugnen, und diß widerstreitende Verfahren für eine Täuschung und Willkür halten, die bloß dahin sich äußert, damit er seine Identität im Harmonischentgegengesezten erkenne, aber dann ist auch diese seine Identität, als Erkanntes, eine Täuschung, oder er hält jene Unterscheidung für reell, daß er nemlich als vereinendes und als unterscheidendes sich verhalte, je nachdem er in seiner objectiven Sphäre ein zu unterscheidendes oder zu vereinendes vorfinde, sezt sich also als vereinendes und als unterscheidendes abhängig und weil diß in seiner objectiven Sphäre stattfinden soll, von der er nicht abstrahiren kann, ohne sich selber aufzuheben, absolut abhängig, so daß er weder als vereinendes, noch als entgegensezendes sich selber seinen Act erkennt. In diesem Falle kann er sich wieder nicht erkennen, als identisch, weil die verschiedenen Acte, in denen er sich findet, nicht seine Acte sind. Er kann sich gar nicht erkennen, er ist kein unterscheidbares, seine Sphäre ist es, in der er sich mechanisch so verhält. Aber wenn er nun auch als identisch mit dieser sich sezen wollte, den Widerstreit des Lebens und der Personalität den er immer zu vereinigen und in Einem zu erkennen strebt und streben muß, in höchster Innigkeit auflösen, so * hilft es nichts, insofern er sich so in seiner Sphäre verhält daß er nicht von ihr abstrahiren kann, denn er kann sich ebendeswegen nur in Extremen von Gegensäzen des Unterscheidens und Vereinens erkennen, weil er zu innig in seiner Sphäre lebt.

Der Mensch sucht also in einem zu subjectiven Zustande, wie in einem zu objectiven vergebens seine Bestimmung zu erreichen, welche darin besteht, daß er sich als Einheit in Göttlichem-Harmonischentgegengeseztem enthalten, so wie umgekehrt, das Göttliche, Einige, Harmonischentgegengesezte, in sich, als Einheit enthalten erkenne. Denn diß ist allein in schöner heiliger, göttlicher Empfindung möglich, in einer Empfindung, welche darum schön ist, weil sie weder blos angenehm und glüklich, noch blos erhaben und stark, noch blos einig und ruhig, sondern alles zugleich ist, und allein sein kann, in einer Empfindung, welche darum heilig ist, weil sie weder uneigennüzig ihrem Objecte hingegeben, noch blos uneigennüzig auf ihrem innern Grunde ruhend, noch blos uneigennüzig zwischen ihrem innern Grunde und ihrem Objecte schwebend sondern alles zugleich ist und allein seyn kann, in einer Empfindung, welche darum göttlich ist, weil sie weder * bloßes Bewußtseyn, bloße Reflexion (subjective, oder objective,) mit Verlust des innern und äußern Lebens noch bloßes Stre-

ben, (subjectiv oder objectiv bestimmtes) mit Verlust der innern und äußern Harmonie, noch bloße Harmonie, wie die intellectuale Anschauung und ihr mythisches bildliches Subject Object, mit Verlust des Bewußtseyns, und der Einheit, sondern weil sie alles diß zugleich ist, und allein seyn kann, in einer Empfindung, welche darum transcendental ist und diß allein seyn kann, weil sie in Vereinigung und Wechselwirkung der genannten Eigenschaften weder zu angenehm und sinnlich, noch zu energisch und wild, noch zu innig und schwärmerisch, weder zu uneigennüzig d. h. zu selbstvergessen ihrem Objecte hingegeben, noch zu uneigennüzig, d. h. zu eigenmächtig auf ihrem innern Grunde ruhend, noch zu uneigennüzig, d. h. zu unentschieden, und leer und unbestimmt zwischen ihrem innern Grunde und ihrem Objecte schwebend, weder zu reflectirt, sich ihrer zu bewußt, zu scharf und eben deswegen ihres innern und äußern Grundes unbewußt; noch zu bewegt, zu sehr in ihrem innern und äußern Grunde begriffen, ebendeswegen der Harmonie des Innern und Äußern unbewußt, noch zu harmonisch, ebendeswegen sich ihrer selbst, und des innern und äußern Grundes zu wenig bewußt, ebendeswegen zu unbestimmt, und des eigentlich Unendlichen, welches durch sie als eine bestimmte wirkliche Unendlichkeit, als außerhalb liegend bestimmt wird, weniger empfänglich, und geringerer Dau-
* er fähig. Kurz, sie ist, weil sie in dreifacher Eigenschaft vorhanden ist, und diß allein seyn kann, weniger einer Einseitigkeit ausgesezt, in irgend einer, der drei Eigenschaften. Im Gegentheil erwachen aus ihr ursprünglich all die Kräfte, welche jene Eigenschaften zwar bestimmter und erkennbarer, aber auch isolirter besizen, so wie sich jene Kräfte, und ihre Eigenschaften und Äußerungen auch wieder in ihr konzentriren, und in ihr und durch gegenseitigen Zusammenhang und lebendige für sich selbst bestehende Bestimmtheit als Organe von ihr, und Freiheit, als zu ihr gehörig und nicht in ihrer Beschränktheit auf sich selber eingeschränkt, und Vollständigkeit, als in ihrer Ganzheit begriffen, gewinnen, jene drei Eigenschaften mögen als Bestrebungen, das Harmonischentgegengesezte in der lebendigen Einheit oder diese in jenem zu erkennen, im subjective-

ren oder objectiveren Zustande sich äußern. Denn eben diese verschiedenen Zustände gehen auch aus ihr als der Vereinigung derselben hervor.

Wink für die Darstellung und Sprache.

Ist die Sprache nicht, wie die Erkenntniß von der die Rede war, und von der gesagt wurde daß in ihr, als Einheit das Einige enthalten seie, und umgekehrt? und daß sie dreifacher Art sei p. p.

Muß nicht für das eine, wie für das andere der schönste Moment da liegen, wo der eigentliche Ausdruk, die geistigste Sprache das lebendigste Bewußtseyn, wo der Übergang von einer bestimmten Unendlichkeit zur allgemeineren liegt?

Liegt nicht eben hierin der veste Punct, wodurch der Folge der Zeichnung ihre Verhältnißart, und den Lokalfarben wie der Beleuchtung ihr Karakter und Grad bestimmt wird?

Wird nicht alle Beurtheilung der Sprache sich darauf reduciren, daß man nach den sichersten und möglich untrüglichsten Kennzeichen sie prüft, ob sie die Sprache einer ächten schön beschriebenen Empfindung sei?

So wie die Erkenntniß die Sprache ahndet, so erinnert sich die Sprache der Erkenntniß. *

Die Erkenntniß ahndet die Sprache, nachdem sie 1) noch unreflectirte reine Empfindung des Lebens war, der bestimmten Unendlichkeit worinn sie enthalten ist, 2) nachdem sie sich in den Dissonanzen des innerlichen Reflectirens und Strebens und Dichtens wiederhohlt hatte, und nun, nach diesen vergebenen Versuchen, sich innerlich wiederzufinden und zu reproduciren, nach diesen verschwiegenen Ahndungen, die auch ihre Zeit haben müssen, über sich selbst hinausgeht, und in der ganzen Unendlichkeit sich wiederfindet, d.h. durch die stofflose reine Stimmung gleichsam durch den Wiederklang der ursprünglichen lebendigen Empfindung, den sie gewann und gewinnen konnte durch die gesammte Wirkung aller innerlichen Versuche, durch diese höhere göttliche Empfänglichkeit ihres gan-

zen innern und äußeren Lebens mächtig und inne wird. In eben diesem Augenblike, wo sich die ursprüngliche lebendige, nun zur reinen eines Unendlichen empfänglichen Stimmung geläuterte Empfindung, als Unendliches im Unendlichen, als geistiges Ganze im lebendigen Ganzen befindet, in diesem Augenblike ist es, wo man sagen kann, daß die Sprache geahndet wird, und wenn nun wie in der ursprünglichen Empfindung eine Reflexion erfolgte, so ist sie nicht mehr auflösend und verallgemeinernd, vertheilend, und abbildend, bis zur blosen Stimmung, sie giebt dem Herzen alles wieder, was sie ihm nahm, sie ist belebende Kunst, wie sie zuvor vergeistigende Kunst war, und mit einem Zauberschlage um den andern ruft sie das verlorene Leben schöner hervor, bis es wieder so ganz sich fühlt, wie es sich ursprünglich fühlte. Und wenn es der Gang und die Bestimmung des Lebens überhaupt ist, aus der ursprünglichen Einfalt sich zur höchsten Form zu bilden, wo dem Menschen ebendeswegen das unendliche Leben gegenwärtig ist, und wo er als das abstrakteste alles nur um so inniger aufnimmt, dann aus dieser höchsten Entgegensezung und Vereinigung des Lebendigen und Geistigen, des formalen und des materialen Sub-
* ject Objects, dem Geistigen sein Leben, dem Lebendigen seine Gestalt, dem Menschen seine Liebe und sein Herz und seiner Welt den Dank wiederzubringen, und endlich, nach erfüllter Ahndung, und Hoffnung, wenn nemlich in der Äußerung jener höchste Punct der Bildung die höchste Form im höchsten Leben vorhanden war, und nicht blos an sich selbst, wie im Anfang der eigentlichen Äußerung, noch im Streben, wie im Fortgang derselben, wo die Äußerung das Leben aus dem Geiste und aus dem Leben den Geist hervorruft, sondern wo sie das ursprüngliche Leben in der höchsten Form gefunden hat, wo Geist und Leben auf beiden Seiten gleich ist, und ihren Fund, das Unendliche im Unendlichen, erkennt, nach dieser lezten und dritten Vollendung, die nicht blos ursprüngliche Einfalt, des Herzens und Lebens, wo sich der Mensch unbefangen als in einer beschränkten Unendlichkeit fühlt, auch nicht blos errungene Einfalt des Geistes, wo eben jene Empfindung zur reinen formalen Stimmung geläutert, die

ganze Unendlichkeit des Lebens aufnimmt, (und Ideal ist) sondern die aus dem unendlichen Leben wiederbelebter Geist, nicht Glük, nicht Ideal, sondern gelungenes Werk, und Schöpfung ist, und nur in der Äußerung gefunden werden und außerhalb der Äußerung nur in dem aus ihrer bestimmten ursprünglichen Empfindung hervorgegangenen Ideale gehofft werden kann, wie endlich nach dieser dritten Vollendung wo die bestimmte Unendlichkeit so weit ins Leben gerufen, die unendliche so weit vergeistigt ist, daß eines an Geist und Leben dem andern gleich ist, wie nach dieser dritten Vollendung das Bestimmte immer mehr belebt, das Unendliche immer mehr vergeistigt wird, bis die ursprüngliche Empfindung eben so als Leben endigt, wie sie in der Äußerung als Geist anfieng und sich die höhere Unendlichkeit aus der sie ihr Leben nahm eben so vergeistigt, wie sie in der Äußerung als Lebendiges vorhanden war, also wenn diß der Gang und die Bestimmung der Menschen überhaupt zu seyn scheint, so ist ebendasselbe der Gang und die Bestimmung aller und jeder Poësie, und wie auf jener Stuffe der Bildung, wo der Mensch aus ursprünglicher Kindheit hervorgegangen in Entgegengesezten Versuchen zur höchsten Form zum reinen Wiederklang des ersten Lebens sich emporgerungen hat, und so als unendlicher Geist im unendlichen Leben sich fühlt, wie der Mensch auf dieser Stuffe der Bildung erst eigentlich das Leben antritt, und sein Wirken und seine Bestimmung ahndet, so ahndet der Dichter, auf jener Stuffe, wo er auch aus einer ursprünglichen Empfindung, durch entgegengesezte Versuche, sich zum Ton, zur höchsten reinen Form derselben Empfindung emporgerungen hat und ganz in seinem ganzen inneren und äußeren Leben mit jenem Tone sich begriffen sieht, auf dieser Stuffe ahndet er seine Sprache, und mit ihr die eigentliche Vollendung für die jezige und zugleich für alle Poësie.

Es ist schon gesagt worden, daß auf jener Stuffe eine neue Reflexion eintrete, welche dem Herzen alles wieder gebe, was sie ihm genommen habe, welche für den Geist des Dichters und seines zukünftigen Gedichts belebende Kunst sei, wie sie für die ursprüngliche Empfindung des Dichters und seines Gedichts

* seie vergeistigende Kunst gewesen. Das Product dieser
schöpferischen Reflexion ist die Sprache. Indem
sich nemlich der Dichter mit dem reinen Tone seiner ursprünglichen Empfindung in seinem ganzen innern und äußern Leben begriffen fühlt, und sich umsieht in seiner Welt, ist ihm diese eben so neu und unbekannt, die Summe aller seiner Erfahrungen, seines Wissens, seines Anschauens, seines Denkens, Kunst und Natur wie sie in ihm und außer ihm sich darstellt, alles ist wie zum erstenmale, eben deßwegen unbegriffen, unbestimmt, in lauter Stoff und Leben aufgelöst, ihm gegenwärtig, und es ist vorzüglich wichtig, daß er in diesem Augenblike
* nichts als gegeben annehme, von nichts positivem ausgehe, daß die Natur und Kunst, so wie er sie kennen gelernt hat und sieht, nicht eher sprechen, ehe für ihn eine Sprache da ist, d. h. ehe das jezt Unbekannte und Ungenannte in seiner Welt eben dadurch für ihn bekannt und nahmhaft wird, daß es mit seiner Stimmung verglichen und als übereinstimmend erfunden worden ist, denn wäre vor der Reflexion auf den unendlichen Stoff und die unendliche Form irgend eine Sprache der Natur und Kunst für ihn in bestimmter Gestalt da, so wäre er in so fern nicht innerhalb seines Wirkungskreises, er träte aus seiner Schöpfung heraus, und die Sprache der Natur oder der
* Kunst, jeder *modus exprimendi* der einen oder der andern wäre
* erstlich, insofern sie nicht seine Sprache, nicht aus seinem Leben und aus seinem Geiste hervorgegangenes Product, sondern als Sprache der Kunst, so bald sie in bestimmter Gestalt mir gegenwärtig ist, schon zuvor ein bestimmender Act der schöpferischen Reflexion des Künstlers, welcher darinn bestand, daß er aus seiner Welt aus der Summe seines äußern und innern Lebens, das mehr oder weniger auch das meinige ist, daß er aus dieser Welt den Stoff nahm, um die Töne seines Geistes zu bezeichnen, aus seiner Stimmung das zum Grunde liegende Leben durch diß verwandte Zeichen hervorzurufen, daß er also, in so fern er mir dieses Zeichen nennt, aus meiner Welt den Stoff entlehnt, mich veranlaßt, diesen Stoff in das Zeichen überzutragen, wo dann derjenige wichtige Unterschied zwischen mir als bestimmtem und ihm als bestimmendem ist, daß er, indem

er sich verständlich und faßlich macht, von der leblosen, immateriellen, ebendeßwegen weniger entgegensezbaren, und bewußtloseren Stimmung fortschreitet, ebendadurch, daß er sie erklärt, 1) in ihrer Unendlichkeit der Zusammenstimmung durch eine so wohl der Form als Materie nach verhältnißmäßige Totalität verwandten Stoffs, und durch idealisch wechselnde Welt, 2) in ihrer Bestimmtheit und eigentlichen Endlichkeit durch die Darstellung und Aufzählung ihres eigenen Stoffs, 3) in ihrer Tendenz, ihrer Allgemeinheit im Besondern, durch den Gegensaz ihres eigenen Stoffs zum unendlichen Stoff, 4) in ihrem Maas, der schönen Bestimmtheit und Einheit und Vestigkeit ihrer unendlichen Zusammenstimmung, in ihrer unendlichen Identität und Individualität, und Haltung, in ihrer poetischen Prosa eines allbegränzenden Moments wohin und worinn sich negativ und eben deswegen ausdrüklich und sinnlich alle genannten Stüke beziehen und vereinigen, nemlich die unendliche Form mit dem unendlichen Stoffe, dadurch, daß durch jenen Moment die unendliche Form ein Gebild, den Wechsel des Schwächern und Stärkern, der unendliche Stoff einen Wohlklang, einen Wechsel des Hellen und Leisern annimmt, und sich beede in der Langsamkeit und Schnelligkeit endlich im Stillstande der Bewegung negativ vereinigen, immer durch ihn und die ihm zum Grunde liegende Thätigkeit, die unendliche schöne Reflexion, welche in der durchgängigen Begränzung zugleich durchgängig beziehend und vereinigend ist.

* Poetologische Aufzeichnungen

Die Empfindung spricht im Gedichte ...

* Die Empfindung spricht im Gedichte idealisch — die Leidenschaft naiv — die Phantasie energisch.

So wirkt auch wieder das Idealische im Gedichte auf die Empfindung (vermittelst der Leidenschaft), das naive auf die Leidenschaft (vermittelst der Phantasie), das energische auf die Phantasie (vermittelst der Empfindung).

naives Gedicht.

Grundton. Leidenschaft. pp. vermittelst der Phantasie.
Sprache.
Empfindung Leidenschaft Phantasie Empfindung Leidenschaft Phantasie Empfindung. Vermittelst der Phantasie.
Wirkung.
Leidenschaft Phantasie Empfindung Leidenschaft Phantasie Empfindung Leidenschaft.

energisches Gedicht.

Grundton. Phantasie. pp. vermittelst der Empfindung.
Sprache.
Leidenschaft Phantasie Empfindung Leidenschaft Phantasie Empfindung Leidenschaft.
vorzüglich vermittelst der Empfindung.
Wirkung.
Phantasie Empfindung Leidenschaft Phantasie Empfindung Leidenschaft Phantasie.

Idealisches Gedicht.

Grundton. Empfindung. pp. vermittelst der Leidenschaft.
Sprache.
Phantasie Empfindung Leidenschaft Phantasie Empfindung Leidenschaft Phantasie.
vorzüglich vermittelst der Leidenschaft.

Wirkung.

Empfindung Leidenschaft Phantasie Empfindung Leidenschaft Phantasie Empfindung.

?

Phantasie Leidenschaft Empfindung Phantasie Leidenschaft Empfindung Phantasie.

vermittelst der Empfindung.

Empfindung Phantasie Leidenschaft. Empfindung Phantasie Leidenschaft Empfindung.

Styl des Lieds Diotima. *

Der Ausdruk, das karakteristische …

Der Ausdruk, das karakteristische sinnliche individuelle gewöhnliche des Gedichts bleibt sich immer gleich, und wenn jede der verschiedenen Parthien in sich selbst verschieden ist, so ist das erste in jeder Parthie gleich dem ersten der andern, das zweite jeder Parthie gleich dem zweiten der andern, das dritte jeder Parthie gleich dem dritten der andern. Der Styl, das

Löst sich nicht … *

Löst sich nicht die idealische Katastrophe, dadurch, daß der natürliche Anfangston zum Gegensaze wird, ins heroische auf? *

Löst sich nicht die natürliche Katastrophe, dadurch daß der heroische Anfangston zum Gegensaze wird, ins idealische auf?

Löst sich nicht die heroische Katastrophe, dadurch daß der idealische Anfangston zum Gegensaze wird, ins natürliche auf?

Wohl für das epische Gedicht. Das tragische Gedicht gehet um einen Ton weiter, das lyrische gebraucht diesen Ton als Gegensaz und kehrt auf diese Art, bei jedem Styl, in seinen Anfangston zurük oder: das epische Gedicht hört mit seinem anfänglichen Gegensaz, das tragische mit dem Tone seiner Katastrophe, das lyrische mit sich selber auf.

das lyrische

naiv		heroisch		idealisch
Idealisch	×	naiv	×	heroisch

das tragische

idealisch		naiv		heroisch
heroisch	×	idealisch	×	naiv

das epische

heroisch		idealisch		naiv
naiv	×	heroisch	×	idealisch

Lyrisch.

naiv Idealisch, heroisch Naiv, idealisch Heroisch — heroisch Idealisch, idealisch Naiv, naiv Heroisch, heroisch Idealisch

Tragisch.

idealisch Heroisch, naiv Idealisch, heroisch Naiv — naiv Heroisch, heroisch Idealisch, idealisch Naiv, naiv Heroisch

Episch.

heroisch Naiv, idealisch Heroisch, naiv Idealisch — idealisch Naiv, naiv Heroisch, heroisch Idealisch, idealisch Naiv

Poetologische Schemata

L.

	naiv	Idealisch	
	heroisch	Naiv	
⟨	idealisch	Heroisch	⟩
	heroisch	Idealisch	
	idealisch	Naiv	
	naiv	Heroisch	
	heroisch	Idealisch.	

T.

	idealisch	Heroisch	
	naiv	Idealisch	
⟨	heroisch	Naiv	⟩
	naiv	Heroisch	
	heroisch	Idealisch	
	idealisch	Naiv	
	naiv	Heroisch.	

Ajax

oder umgekehrt.

	heroisch	Idealisch	
	idealisch	Naiv	
⟨	naiv	Heroisch	⟩
	heroisch	Naiv	
	idealisch	Heroisch	
	naiv	Idealisch	
	heroisch	Naiv.	

Antigonä

N.

	heroisch	Naiv	
	idealisch	Heroisch	
⟨	naiv	Idealisch	⟩
	idealisch	Naiv	
	naiv	Heroisch	
	heroisch	Idealisch	
	idealisch	Naiv.	

	id.	na.	her.	id./	naiv	her.	id.
	naiv	her.	id.	na./	her.	id.	na.
⟨	her.	id.	n.	h./	id.	n.	her.
	id.	n.	he.	id./	n.	h.	id.
	na.	her.	id.	n./	her.	id.	n.
	her.	id.	n.	h./	id.	n.	h.
	id.	n.	h.	id./	n.	h.	id.

	her.	id.	na.	h./	id.	n.	h.
	id.	n.	h.	id./	na.	h.	id.
⟨	n.	h.	id.	n./	h.	id.	n.
	h.	id.	n.	h./	id.	n.	h.
	id.	n.	h.	id./	n.	h.	id.
	n.	h.	id.	n./	h.	id.	n.
	h.	id.	n.	h./	id.	n.	h.

n.	h.	id.	n.	h.	id.	n.
h.	id.	n.	h.	id.	n.	h.
id.	na.	h.	id.	n.	h.	id.
n.	h.	id.	n.	h.	id.	n.
h.	id.	n.	h.	id.	n.	h.
i.	n.	h.	id.	n.	h.	id.
n.	h.	id.	n.	h.	id.	n.

1	2	3	4	5	6	7
hinh	inhi	nhin	hinh	inhi	nhin	hinh.
1	2	3	4	5	6	7
hinhinh	inhinhi	nhinhin	hinhinh	inhinhi	nhinhi	hinh.

Der tragische Dichter thut wohl …

Der tragische Dichter thut wohl, den lyrischen, der lyrische den epischen, der epische den tragischen zu studiren. Denn im tragischen liegt die Vollendung des epischen, im lyrischen die Vollendung des tragischen, im epischen die Vollendung des lyrischen. Denn wenn schon die Vollendung von allen ein vermischter Ausdruk von allen ist, so ist doch eine der drei Seiten in jedem die hervorstechendste.

Das lyrische dem Schein nach …

Das lyrische dem Schein nach idealische Gedicht ist in seiner Bedeutung naiv. Es ist eine fortgehende Metapher Eines Gefühls. *

Das epische dem Schein nach naive Gedicht ist in seiner Bedeutung heroisch. Es ist die Metapher großer Bestrebungen.

Das tragische, dem Schein nach heroische Gedicht, ist in seiner Bedeutung idealisch. Es ist die Metapher einer intellectuellen Anschauung.

Das lyrische Gedicht ist in seiner Grundstimmung das sinnlichere, indem diese eine Einigkeit enthält, die am leichtesten sich giebt, eben darum strebt es im äußern Schein nicht so wohl nach Wirklichkeit und Heiterkeit und Anmuth, es gehet der sinnlichen Verknüpfung und Darstellung so sehr aus dem Wege, (weil der reine Grundton eben dahin sich neigen möchte) daß es in seinen Bildungen und der Zusammenstellung derselben gerne wunderbar und übersinnlich ist, und die heroischen energischen Dissonanzen, wo es weder seine Wirklichkeit, sein Lebendiges, wie im idealischen Bilde, noch seine Tendenz zur Erhebung, wie im unmittelbareren Ausdruk verliert, diese energischen heroischen Dissonanzen, die Erhebung und Leben vereinigen, sind die Auflösung des Widerspruchs in den es geräth, indem es von einer Seite nicht ins sinnliche fallen, von der andern seinen Grundton, das innige Leben nicht verläugnen kann und will. Ist sein Grundton jedoch heroischer,

* gehaltreicher, wie z. B. der einer Pindarischen Hymne, an den Fechter Diagoras, hat er also an Idealität weniger zu verlieren, so fängt es naiv an, ist er idealischer, dem Kunstkarakter, dem uneigentlichen Tone verwandter, hat er also an Innigkeit weniger zu verlieren, so fängt es heroisch an, ist er am innigsten, hat er an Gehalt, noch mehr aber an Erhebung, Reinheit des Gehalts zu verlieren, so fängt es idealisch an.

In lyrischen Gedichten fällt der Nachdruk auf die unmittelbarere Empfindungssprache, auf das Innigste, das Verweilen, die Haltung auf das Heroische, die Richtung auf das Idealische hin.

Das epische, dem äußern Scheine nach, *naive Gedicht* ist * in seiner *Grundstimmung das pathetischere*; das heroischere aorgischere; es strebt deswegen in seiner Ausführung seinem Kunstkarakter nicht so wohl nach Energie und Bewegung und Leben, als nach Präcision und Ruhe und Bildlichkeit. Der Gegensaz seiner Grundstimmung mit seinem Kunstkarakter, seines eigentlichen Tons mit seinem uneigentlichen, metaphorischen löst sich im idealischen auf, wo es von einer Seite nicht soviel an Leben verliert, wie in seinem engbegränzenden Kunstkarakter, noch an Moderation soviel wie bei der unmittelbareren Äußerung seines Grundtones. Ist sein Grundton, der wohl auch verschiedener Stimmung seyn kann, idealischer, hat er weniger an Leben zu verlieren, und hingegen mehr Anlage zur Organisation, Ganzheit, so kann das Gedicht mit seinem * Grundtone, dem heroischen anfangen, μηνιν αειδε θεα — und heroischepisch seyn. Hat der energische Grundton weniger idealische Anlage, hingegen mehr Verwandtschaft mit dem Kunstkarakter, welcher der naive ist, so fängt es idealisch an; hat der Grundton seinen eigentlichen Karakter so sehr, daß er darüber an Anlage zum Idealen, noch mehr aber zur Naivetät verlieren muß, so fängt es naiv an. Wenn das, was den Grundton, und den Kunstkarakter eines Gedichts vereiniget und vermittelt, der Geist des Gedichts ist, und dieser am meisten gehalten werden muß, und dieser Geist im epischen Gedichte das Idealische ist, so muß das epische Gedicht bei diesem am meisten verweilen, da hingegen auf den Grundton, der hier der energische ist, am meisten Nachdruk, und auf das Naive, als den Kunstkarakter die Richtung fallen, und alles darinn sich koncentriren, und darinn sich auszeichnen und individualisiren muß.

Das tragische, in seinem *äußeren Scheine, heroische Gedicht* ist, seinem *Grundtone* nach, *idealisch*, und allen Werken dieser Art muß Eine intellectuale Anschauung zum * Grunde liegen welche keine andere seyn kann, als jene Einigkeit mit allem, was lebt, die zwar von dem beschränkteren Gemüthe nicht gefühlt, die in seinen höchsten Bestrebungen nur geahndet, aber vom Geiste erkannt werden kann und aus der Unmöglichkeit einer absoluten Trennung und Vereinzelung hervorgeht, und am leichtesten sich ausspricht, dadurch, daß man sagt, die wirkliche Trennung, und mit ihr alles wirklich Materielle Vergängliche, so auch die Verbindung und mit ihr alles wirklich Geistige Bleibende, das Objective, als solches, so auch das subjective als solches, seien nur ein Zustand des Ursprünglich einigen, in dem es sich befinde, weil es aus sich herausgehen müsse, des Stillstands wegen, der darum in ihm nicht stattfinden könne, weil die Art der Vereinigung in ihm nicht immer dieselbe bleiben dürfe, der Materie nach, weil die Theile des Einigen nicht immer in derselben näheren und entfernteren Beziehung bleiben dürfen, damit alles allem begegene, und jeden ihr ganzes Recht ihr ganzes Maas von Leben werde, und jeder Theil im Fortgang dem Ganzen gleich an Vollständigkeit sei, das Ganze hingegen im Fortgang den Theilen gleich werde an Bestimmtheit, jenes an Inhalt gewinne, diese an Innigkeit, jenes an Leben, diese an Lebhaftigkeit, jenes im Fortgange mehr sich fühle, diese im Fortgang sich mehr erfüllen; denn es ist ewiges Gesez, daß das gehaltreiche Ganze, in seiner Einigkeit nicht mit der Bestimmtheit und Lebhaftigkeit sich fühlt, nicht in dieser sinnlichen Einheit, in welcher seine Theile, die auch ein Ganzes, nur leichter verbunden sind, sich fühlen, so daß man sagen kann, wenn die Lebhaftigkeit, Bestimmtheit, Einheit der Theile wo sich ihre Ganzheit fühlt, die Grenze *für diese* übersteige, und zum Leiden, und *möglichst* absoluter Entschiedenheit und Vereinzelung werde, dann fühle das Ganze *in diesen Theilen* sich erst so lebhaft und bestimmt, wie jene sich in einem ruhigern aber auch bewegten Zustande, in ihrer beschränkteren Ganzheit fühlen, (wie z. B. die lyrische (individuellere) Stimmung ist, wo die individuelle Welt in ihrem vollendetsten Leben und reinster Einigkeit sich aufzulösen strebt, und in dem Puncte, wo sie sich individualisirt, in dem Theile, worinn ihre Theile zusammenlaufen, zu vergehen scheint, im innigsten Gefühle, wie da erst die individuelle Welt in ihrer Ganzheit sich fühlt, wie da erst, wo sich Fühlender und Gefühltes scheiden wollen, die individuellere Einigkeit am lebhaftesten und bestimmtesten gegenwärtig ist, und wiedertönt). Die Fühlbarkeit des Ganzen schreitet also in eben dem Grade und Verhältnisse fort, in welchem die Trennung in den Theilen und in ihrem Centrum, worin die Theile und das Ganze am fühlbarsten sind, fortschreitet. Die in der intellectualen Anschauung vorhandene Einigkeit versinnlichet sich in eben dem Maaße, in welchem sie aus sich herausgehet, in welchem die Trennung ihrer Theile stattfindet, die denn auch nur darum sich trennen, weil sie sich zu einig fühlen, wenn sie im Ganzen dem Mittelpuncte näher sind, oder weil sie sich nicht einig genug fühlen der Vollständigkeit nach, wenn sie Nebentheile sind, vom Mittelpuncte entfernter liegen, oder, der Lebhaftigkeit nach, wenn sie weder Nebentheile, im genannten Sinne, noch wesentliche Theile im genannten Sinne sind, sondern weil sie noch nicht * gewordene, weil sie erst Theilbare Theile sind. Und hier, im Übermaaß des Geistes in der Einigkeit, und seinem Streben nach Materialität, im Streben des Theilbaren Unendlichern, Aorgischern, in welchem alles organischere enthalten seyn muß, weil alles bestimmter, und nothwendiger vorhandene, ein Unbestimmteres, unnothwendiger Vorhandenes nothwendig macht, in diesem Streben des theilbaren Unendlichern nach Trennung welches sich im Zustande der höchsten Einigkeit, alles organi- * schen, den in dieser enthaltenen Theilen mitteilt, in dieser nothwendigen *Willkür des Zevs* liegt eigentlich der ideale Anfang der wirklichen Trennung.

Von diesem gehet sie fort bis dahin, wo die Theile in ihrer äußersten Spannung sind, wo diese sich am stärksten widerstreben. Von diesem Widerstreit gehet sie wieder in sich selbst zurük, nemlich dahin, wo die Theile, wenigstens die ursprünglich innigsten, in ihrer Besonderheit, als diese Theile, in dieser Stelle des Ganzen sich aufheben, und eine neue Einigkeit entsteht. Der Übergang von der ersten zur zweiten ist wohl eben jene höchste Spannung des Widerstreits. Und der Ausgang bis zu ihm unterscheidet sich vom Rükgang, daß der erste idealer, der zweite realer ist, daß im ersten das Motiv ideal bestimmend, reflectirt, mehr aus dem Ganzen, als individuell ist, im zweiten aus Leidenschaft und den Individuen hervorgegangen ist.

Ist die intellectuelle Anschauung subjectiver, und gehet die Trennung vorzüglich von den conzentrirenden Theilen aus, wie bei der Antigonä, so ist der Styl lyrisch, gehet sie mehr von den Nebentheilen aus und ist objectiver so ist er episch, geht sie von dem höchsten Trennbaren, von Zevs aus wie bei Oedipus so ist er tragisch. *

In jeder Dichtart, der epischen, tragischen und lyrischen, wird ein stoffreicherer Grundton im naiven, ein intensiverer empfindungsvollerer im idealischen, ein geistreicherer im energischen Style sich äußern; denn wenn im geistreicheren Grundton die Trennung vom Unendlichen aus geschieht, so muß sie zuerst auf die conzentrirenden Theile oder auf das Centrum wirken, sie muß sich diesen mittheilen, und insofern die Trennung eine empfangene ist, so kann sie sich nicht bildend, nicht ihr eigenes Ganze reproduzirend äußern, sie kann nur reagiren und diß ist der energische Anfang. Durch sie erst reagirt der entgegengesezte Haupttheil, den die ursprüngliche Trennung auch traf, der aber als der empfänglichere sie so schnell nicht wiedergab, und nun erst reagirte, durch die Wirkung und Gegenwirkung der Hauptteile werden die Nebentheile, die auch durch die ursprüngliche Trennung ergriffen waren, aber nur bis zum Streben nach Veränderung, nun bis zur wirklichen Äußerung ergriffen, durch diese Äußerung die Haupttheile, bis das Ursprünglich Trennende zu seiner völligen Äußerung gekommen ist.

Gehet die Trennung vom Centrum aus, so geschieht es entweder durch den empfänglicheren Hauptheil; denn dann reproducirt sich dieser im idealischen Bilden, die Trennung theilt

Rezension zu Siegfried Schmids ›Die Heroine‹ *

Diese Schrift zeichnet sich vor andern in diesem Fache gewöhnlichen der Kunst und Humanität so nachtheiligen unächten Produkten wesentlich aus, und weil sich einerseits der Geschmak für's Komische offenbar und unverhältnißmäßig zur Karrikatur neigt, andrerseits sich eben dadurch ein ungerechtes Vorurtheil gegen alles Komische zu verbreiten scheint, so muß es wohl Maxime sein, die ächten Schriften dieser Art vorzüglich zu begünstigen.

Karaktere und *Situation*en in diesem Schauspiel, so wie die ganze Fabel, sind, was sie auch in diesem Fache der Poësie sein müssen, treues, aber dichterischgefaßtes und künstlerischdargestelltes Abbild des sogenannten gewöhnlichen, das heißt, desjenigen Lebens welches in schwächeren und entfernteren Beziehungen mit dem Ganzen steht, und eben darum dichterisch begriffen unendlich bedeutend, an sich in hohem Grade unbedeutend sein muß.

Gerade dieser Kontrast ist es auch, womit der komische Dichter sich beschäftigt, von dem er uns eine *aesthet*isch wahre Ansicht giebt. Mit ahnendem Geiste und menschenfreundlichem Gemüthe begreifet er so die gemeinen wie die ungemeinen Karaktere und *Situati*onen seiner Fabel, diese, wie sie zu wenig beschäftigt und fixirt durch ihr *Object*, überall geneigt sind mehr in die Dinge hineinzulegen als wirklich in ihnen ist; jene, wie sie zu sehr gefesselt an's wirkliche derselben Sphäre sich mit Gewalt und List herauszuwinden, und deswegen die Verhältnisse einer so bedeutend unbedeutenden Sphäre zu stören streben, und wie es beiden daran fehlt, daß ihnen die enge Sphäre an sich nicht völlig genug thun kann, und sie doch zu sehr in ihr befangen, deswegen beiderseits Phantasien sind.

Daß der Dichter deutlicher oder dunkler diß begreift, und daß er einsieht, wie er bei einem so gearteten, wie er bei jedem Stoffe den er wählen möchte, immer ein Fragment des Lebens aus dem lebendigen Zusammenhang reißen und zur Behandlung wählen muß, diß eben ist es was ihn zum Künstler macht, was nemlich den Grund enthält zum Vortrag seines Gedichts.

Bei diesem Vortrag geht nemlich alles dahin, den Kontrast des Überschwinglichen und Einseitigen, in welchem jeder Stoff außerhalb des lebendigen Zusammenhangs erscheinen muß, zu lösen und auszumitteln. Diß versucht der Dichter einmal dadurch, daß er jenen Kontrast in reinen Gegensäzen gleichmäßig und scharf genug darstellt; denn dadurch, daß er ihn hinlänglich begründet und *motiv*irt, und endlich dadurch, daß er alle Theile des Stoffs in die möglichste durchgängige Beziehung sezt, durch alles dieses sucht der Dichter, dem *isol*irten, deswegen zwischen *Extrem*en schwankenden Stoff diejenige Ausbildung zu geben, wodurch er in seiner reinsten und besten eigenthümlichen Beziehung zum Ganzen erscheint, er sucht ihn nicht sowohl zu erheben, oder zu versinnlichen, als zur Naturwahrheit herzustellen. Und gerade wo sein Stoff am meisten aus der Wirklichkeit genommen ist wie in der Idylle und Komödie, und Elegie, da wird er den Diebstahl vorzüglich gut zu machen haben, dadurch daß er ihm eine *aesthet*isch wahre Ansicht giebt, daß er ihn in seiner natürlichsten Beziehung zum Ganzen vorstellt, nicht dadurch, daß er ihn noch mehr versinnlicht. Denn diß ist nur Geschäfte des großen *Epos*, das eigentlich vom übersinnlichsten *poët*ischen Stoff ausgeht, und eben deswegen den weitesten Weg zu machen hat, um seinen *aetherischen* eigentlichen Gegenstand mit dem übrigen Leben wieder zusammen, und den Sinnen nahe zu bringen; deswegen glaubt auch Rezensent, die Darstellung und Sprache der *Iliade* gewinne noch eine ganz andere Bedeutung, wenn man fühle, wie sie wohl vielmehr dem Vater *Jupiter* als *Achilln* oder einem andern zu Ehren gesungen sei.

Rezensent glaubt für diese Umschweife Entschuldigung zu finden, weil die Ungewißheit und das Vorurtheil über die berührten Punkte, allem nach, noch mächtig genug, und gewiß nichts weniger als gleichgültig ist, und weil man es gewiß erträglicher finden wird, wenn er aus guter Meinung ein Wort zur Unzeit sagt, als wenn er um einen Eigensinn durchzusezen die schiklichste Zeit erwählte.

Rezensent meint auch durch das bisher gesagte, so weit es für die Komödie anwendbar ist, den Gesichtspunkt errathen zu haben, welcher vorzüglich den Verfasser dieses Schauspiels geleitet haben mag, und wie weit der Dichter *consequent* verfuhr, sah Rezensent vorzüglich daraus, daß die kleinen *Inconsequenzen* im Gedicht so leicht auffallen.

So findet Rezensent die Gespräche der Soldaten in den meisten Szenen manchmal zu ununterbrochen fortgesezt. Oder müssen die Reden nicht auch um so schneller oder stärker sich unterbrechen, je *extravaganter* ins Gemeine oder Ungemeine sie sein müssen? Aber mit vielem Glüke und recht aus dem Gefühl seiner Zwekmäßigkeit ist der Jamb auch in jenen Gesprächen gebraucht, so daß man ihn eben deswegen nicht fühlt, weil er hingehört, und zwar hiehin deswegen, damit Wort für Wort ein schärferer Gegensaz in den unedlen Reden fühlbar werde. Auch hierinn wie in manchem andern hat der Verfasser die Autorität der alten Komiker z.B. des *Terenz* für sich, und der Geschmak zu jenen Zeiten war doch wohl nicht übel.

Meisterhaft dürfen besonders genannt werden die zwischen entgegengesezte Rollen gestellten vermittelnden ergänzenden Karaktere wie die des Klapp, des Knaben im Walde zusammt der einfältigen Wirthinn.

Aber für manche schöne wohlherbeigeführte, im Karakter des Stüks und der Personen liegende *Digression* wird man dem Dichter besonders danken und sich freuen, daß man hier nicht mit leerer Schaale getäuscht wird.

Um so mehr, da gröstentheils in der Komödie das, was man die *Intrigue* des Stüks heißt, nichts weiter als ein Sprödethun der Musen ist, wodurch die Menschenkinder angezogen werden müssen, und da sich ja das Ungebührige in nichts auflöst, und nur das Reine übrig bleibt, so wäre zu wünschen gewesen, daß sich der Verfasser jene Parthie des Stüks erleichtert hätte. Die Anlage ist, was den Karakter betrifft, in hohem Grade richtig. Die Karaktere sind so wahr, als passend für die Komödie gewählt, bornirte, eben darum schlau sein wollende Menschen. Aber ihre richtig angelegte *Affectation* schien doch dem Rezensenten zu unverhältnißmäßig hart dargestellt.

Diß ist aber dem Verfasser zu verzeihen, da es gröstentheils Gebrauch moderner Poesie ist, auch hierinn, wie im *lyr*ischen

* Gedicht mit den Reimen, schwer Gewicht statt *mercurial*ischer Schwingen an den Sohlen zu tragen, und die Verwiklungen in der *Comoedie* noch schlimmer zu machen, als sie im ernsteren Leben selbst sind.

Da aber die Schwierigkeit die sich der Dichter hiemit macht, ohnediß auch nur von denen gefühlt wird, die eben so sehr fühlen, wie viel doch immerhin dabei geopfert wird, da überdiß des Künstlers Leben kurz genug ist unter uns, so ist es wohl kein schlimmer Rath, daß der von Natur *antiker* gestimmte dichterische Deutsche sich nicht länger von seinen umständlicheren Nachbarn irre machen lassen sollte, daß auch hierinn mehr und mehr Einfachheit und zwekmäßigere Bequemlichkeit eingeführt würde.

Von der Fabel der Alten *

Lyrisch tragisch episch *

Von der Fabel der Alten. *

Ihre Prinzipien
Gestalt derselben
System
Beziehung. Bewegbarkeit.

Verschiedene Formen, die diese, troz der Nothwendigkeit ihrer Bildung als Prinzipien leiden.

Sinn und Inhalt derselben.

Mythologischer Innhalt.
Heroischer
Reinmenschlicher.

Sinn solcher Fabeln überhaupt.

Höhere Moral.

Unendlichkeit der Weisheit.

Zusammenhang der Menschen und Geister. *
Natur, in der Einwirkung Geschichte.

TEXTE ZUR THEORIE DER TRAGÖDIE

* Die tragische Ode ... (Grund zum Empedokles)

Die tragische Ode fängt im höchsten Feuer an, der reine Geist, die reine Innigkeit hat ihre Grenze überschritten, sie hat diejenigen Verbindungen des Lebens, die nothwendig also gleichsam ohnediß zum Contact geneigt sind, und durch die ganze innige Stimmung dazu übermäßig geneigt werden, das Bewußseyn, das Nachdenken, oder die physische Sinnlichkeit nicht mäßig genug gehalten, und so ist, durch Übermaas der Innigkeit, der Zwist entstanden, den die tragische Ode gleich zu Anfang fingirt, um das Reine darzustellen. Sie gehet dann weiter, durch einen natürlichen Act, aus dem Extrem des Unterscheidens und der Noth in das Extrem des Nichtunterscheidens des Reinen, des Übersinnlichen, das gar keine Noth anzuerkennen scheint, von da fällt sie in eine reine Sinnlichkeit, in eine bescheidenere Innigkeit, denn die ursprünglich höhere göttlichere kühnere Innigkeit ist ihr als Extrem erschienen, auch kann sie nicht mehr in jenen Grad von übermäßiger Innigkeit fallen, mit dem sie auf ihrem Anfangston ausgieng, denn sie hat gleichsam erfahren, wohin diß führte, sie muß aus den Extremen des Unterscheidens und der Nicht-unterschiedenheit in jene stille Besonnenheit und Empfindung übergehen, wo sie freilich den Kampf der einen angestrengteren Besonnenheit nothwendig, also ihren Anfangston und eigenen Karakter, als Gegensaz empfinden, und in ihn übergehen muß, wenn sie nicht in dieser Bescheidenheit tragisch enden soll, aber weil sie ihn als Gegensaz empfindet, gehet dann das idealische, das diese beeden Gegensäze vereiniget, reiner hervor, der Urton ist wieder und mit Besonnenheit gefunden, und so gehet sie wieder von da aus durch eine mäßige freiere Reflexion oder Empfindung sicherer freier gründlicher (d.h. aus der Erfahrung und Erkenntniß des Heterogenen) in den Anfangston zurük.

Allgemeiner Grund

Es ist die tiefste Innigkeit, die sich im tragischdramatischen Ge-
dichte ausdrükt. Die tragische Ode stellt das Innige auch in den
positivsten Unterscheidungen dar, in wirklichen Gegensäzen,
aber diese Gegensäze sind doch mehr blos in der Form und als
unmittelbare Sprache der Empfindung vorhanden. Das tragi-
sche Gedicht verhüllt die Innigkeit in der Darstellung noch
mehr, drükt sie in stärkeren Unterscheidungen aus, weil es ei-
ne tiefere Innigkeit, ein unendlicheres Göttliches ausdrükt. Die
Empfindung drükt sich nicht mehr unmittelbar aus, es ist nicht
mehr der Dichter und seine eigene Erfahrung, was erscheint,
wenn schon jedes Gedicht, so auch das tragische aus poëtischem
Leben und Wirklichkeit, aus des Dichters eigener Welt und Seele
hervorgegangen seyn muß, weil sonst überall die rechte Wahr-
heit fehlt, und überhaupt nichts verstanden und belebt werden
kann, wenn wir nicht das eigene Gemüth und die eigene Er-
fahrung in einen fremden analogischen Stoff übertragen kön-
nen. Auch im tragischdramatischen Gedichte spricht sich also *
das Göttliche aus, das der Dichter in seiner Welt empfindet und
erfährt, auch das tragischdramatische Gedicht ist ihm ein Bild
des Lebendigen, das ihm in seinem Leben gegenwärtig ist und
war; aber wie dieses Bild der Innigkeit überall seinen lezten
Grund in eben dem Grade mehr verläugnet und verläugnen
muß, wie es überall mehr dem Symbol sich nähern muß, je un-
endlicher, je unaussprechlicher, je näher dem nefas die Innig- *
keit ist, je strenger und kälter das Bild den Menschen und sein
empfundenes Element unterscheiden muß um die Empfindung
in ihrer Gränze vestzuhalten, um so weniger kann das Bild die
Empfindung unmittelbar aussprechen, es muß sie so wohl der
Form als dem Stoffe nach verläugnen, der Stoff muß ein küh-
neres fremderes Gleichniß und Beispiel von ihr seyn, die Form
muß mehr den Karakter der Entgegensezung und Trennung
tragen. Eine andre Welt, fremde Begebenheiten, fremde Karak-
tere, doch wie jedes kühneres Gleichniß, dem Grundstoff um
so inniger anpassendes, blos in der äußeren Gestalt heteroge-
nes, denn wäre diese innige Verwandtschaft des Gleichnisses

mit dem Stoffe, die karakteristische Innigkeit, die dem Bilde zum Grunde liegt, nicht sichtbar, so wäre seine Entlegenheit, seine fremde Gestalt nicht erklärlich. Die fremden Formen müssen um so lebendiger seyn, je fremder sie sind, und je weniger der sichtbare Stoff des Gedichts dem Stoffe der zum Grunde liegt, dem Gemüth und der Welt des Dichters gleicht, um so weniger darf sich der Geist, das Göttliche, wie es der Dichter in seiner Welt empfand, in dem künstlichen fremden Stoffe verläugnen. Aber auch in diesem fremden künstlichern Stoffe darf und kann sich das Innige, Göttliche nicht anders aussprechen, als durch einen um so größern Grad des Unterscheidens, je inniger die zum Grunde liegende Empfindung ist. Daher ist 1) das Trauerspiel seinem Stoffe nach dramatisch, d. h. a) es enthält einen dritten von des Dichters eigenem Gemüth und eigener Welt verschiedenen fremderen Stoff, den er wählte, weil er ihn analog genug fand, um seine Totalempfindung in ihn hineinzutragen, und in ihm, wie in einem Gefäße, zu bewahren, und zwar um so sicherer, je fremder bei der Analogie dieser Stoff ist, denn die innigste Empfindung ist der Vergänglichkeit in eben dem Grade ausgesezt, in welchem sie die wahren zeitlichen und sinnlichen Beziehungen nicht verläugnet (und es ist deswegen ja auch lyrisches Gesez, wenn die Innigkeit dort an sich weniger tief, also leichter zu halten ist, den physischen und intellectualen Zusammenhang zu verläugnen.) Eben darum verläugnet der tragische Dichter, weil er die tiefste Innigkeit ausdrükt, seine Person, seine Subjectivität ganz, so auch das ihm gegenwärtige Object, er trägt sie in fremde Personalität, in fremde Objectivität über (und selbst, wo die zum Grunde liegende Totalempfindung am meisten sich verräth, in der Hauptperson, die den Ton des Dramas angiebt, und in der Hauptsituation, wo das Object des Dramas, das Schiksaal sein Geheimniß am deutlichsten ausspricht, wo es die Gestalt der Homogenität gegen seinen Helden am meisten annimmt, eben die ihn am stärksten ergreift,) selbst da

[Lücke im Text]

und schlimme Erfolg, den die falschen Versuche zu einer hergestellten reinen Innigkeit im Gemüthe haben, nicht wieder durch das Leidende *selbstthätig* durch einen neuen angemessen unangemessenen Versuch behandelt, sondern von einem Andern zuvorkommenderweise gemacht wird, das auf eben dem Wege geht, nur eine Stufe höher oder niedriger steht, so daß das durch die eigene Selbstthätigkeit angefochtene Gemüth nicht blos durch sich gestört, sondern durch das Zuvorkommen einer fremden gleich falschen noch mehr alterirt, und zu einer heftigern Reaction gestimmt wird.

Grund zum Empedokles

Natur und Kunst sind sich im reinen Leben nur harmonisch entgegengesezt. Die Kunst ist die Blüthe, die Vollendung der Natur; Natur wird erst göttlich durch die Verbindung mit der verschiedenartigen aber harmonischen Kunst, wenn jedes ganz ist, was es seyn kann, und eines verbindet sich mit dem andern, ersezt den Mangel des andern, den es nothwendig haben muß, um ganz das zu seyn, was es als besonderes seyn kann, dann ist die Vollendung da, und das Göttliche ist in der Mitte von beiden. Der organischere künstlichere Mensch ist die Blüthe der Natur; die aorgischere Natur, wenn sie rein gefühlt wird, * vom rein organisirten, rein in seiner Art gebildeten Menschen, giebt ihm das Gefühl der Vollendung. Aber dieses Leben ist nur im Gefühle und nicht für die Erkenntniß vorhanden. Soll es erkennbar seyn, so muß es dadurch sich darstellen, daß es im Übermaaße der Innigkeit, wo sich die Entgegengesezten verwechseln, sich trennt, daß das organische das sich zu sehr der Natur überließ und sein Wesen und Bewustseyn vergaß, in das Extrem der Selbstthätigkeit und Kunst und Reflexion, die Natur hingegen wenigstens in ihren Wirkungen auf den reflectirenden Menschen in das Extrem des aorgischen des Unbegreiflichen, des Unfühlbaren, des Unbegrenzten übergeht, bis durch den Fortgang der entgegengesezten Wechselwirkungen die beiden ursprünglich einigen sich wie anfangs begegnen, nur daß die Natur organischer durch den bildenden cultivirenden Menschen, überhaupt die Bildungstriebe und Bildungskräfte, hingegen der Mensch aorgischer, allgemeiner unendlicher geworden ist, wenn beide entgegengesezte, der verallgemeinerte geistig lebendige, künstlich reinaorgische Mensch und die Wohlgestalt der Natur sich begegnen. Diß Gefühl gehört vieleicht zum höchsten, was der Mensch erfahren kann, denn die jezige Harmonie mahnt ihn an das vormalige umgekehrte reine Verhältniß, und fühlt sich und die Natur zweifach, und die Verbindung ist unendlicher.

* In der Mitte liegt der Tod des Einzelnen, nemlich derjenige Moment, wo das organische seine Ichheit, sein besonderes Daseyn, das zum Extreme geworden war, das aorgische seine Allgemeinheit nicht wie zu Anfang in idealer Vermischung, sondern in realem höchstem Kampf ablegt, indem das besondere auf seinem Extrem gegen das Extrem des aorgischen sich thätig immer mehr verallgemeinern, immer von seinem Mittelpuncte sich reißen muß, das aorgische gegen das Extrem des besondern sich immer mehr concentriren und immer mehr einen Mittelpunct gewinnen und zum besondersten werden muß, wo dann das aorgisch gewordene organische sich selber wieder zu finden und zu sich selber zurükzukehren scheint, indem es die Individualität annimmt und das Object, das Aorgische sich selbst zu finden scheint, indem es auch zugleich das Organische auf dem höchsten Extreme des Aorgischen findet, so daß in diesem Moment, in dieser Geburt der höchsten Feindseeligkeit die höchste * Versöhnung wirklich zu seyn scheint. Aber die Individualität dieses Moments ist nur ein Erzeugniß des höchsten Streits, seine Allgemeinheit nur ein Erzeugniß des höchsten Streits, so wie also die Versöhnung da zu seyn scheint, und das organische nun wieder auf seine Art, das aorgische auf die seinige auf diesen Moment hin wirkt, so wird auf die Eindrüke des organischen die in dem Moment enthaltene aorgischentsprungene Individualität wieder aorgischer, auf die Eindrüke des aorgischen wird die in dem Moment enthaltene organischentsprungene Allgemeinheit wieder besonderer, so daß der vereinende Moment, wie ein Trugbild, sich

immer mehr auflöst, sich dadurch, daß er aorgisch gegen das organische reagirt, immer mehr von diesem sich entfernt, dadurch aber und in seinem Tode die kämpfenden Extreme, aus denen er hervorgieng, schöner versöhnt und vereiniget, als in seinem Leben, indem die Vereinigung nun nicht in einem Einzelnen und deßwegen zu innig ist, indem das Göttliche nicht mehr sinnlich erscheint, indem der glükliche Betrug der Vereinigung in eben dem Grade aufhört, als er zu innig und einzig war, so daß die beiden Extreme, wovon das eine, das organische durch den vergehenden Moment zurükgeschrekt und dadurch in eine reinere Allgemeinheit erhoben, das aorgische indem es zu diesem übergeht, für das organische ein Gegenstand der ruhigern Betrachtung werden muß, und die Innigkeit des vergangenen Moments nun allgemeiner gehaltner unterscheidender, klarer hervorgeht.

So ist Empedokles ein Sohn seines Himmels und seiner Periode, seines Vaterlandes, ein Sohn der gewaltigen Entgegensezungen von Natur und Kunst in denen die Welt vor seinen Augen erschien. Ein Mensch, in dem sich jene Gegensäze so innig vereinigen, daß sie zu E i n e m in ihm werden, daß sie ihre ursprüngliche unterscheidende Form ablegen und umkehren, daß das, was in seiner Welt für subjectiver gilt und mehr in Besonderheit vorhanden ist, das Unterscheiden, das Denken, das Vergleichen, das Bilden, das organisiren und Organisirtseyn, in ihm s e l b e r objectiver ist, so daß er, um es so stark wie möglich zu benennen, unterscheidender, denkender, vergleichender, bildender, organisirender und organisirter ist, w e n n e r w e n i g e r b e i s i c h s e l b e r i s t, u n d i n s o f e r n e r s i c h w e n i g e r b e w u ß t i s t, daß bei ihm und für ihn das sprachlose Sprache, und bei ihm und für ihn das Allgemeine, das Unbewußtere, die Form des Bewußtseyns und der Besonderheit gewinnt, daß hingegen dasjenige, was bei andern in seiner Welt für objectiver gilt, und in allgemeinerer Form vorhanden ist, das weniger Unterscheidende, und Unterscheidbare, das Gedankenlosere, Unvergleichbare, Unbildlichere, unorganisirtere und desorganisirende bei ihm und für ihn subjectiver ist, so daß er ununterschiedener und ununterscheidender gedankenloser in der Wirkung, unvergleichbarer unbildlicher, aorgischer und d e sorganischer ist, wenn er mehr bei sich selber ist, und wenn, sofern er sich mehr bewußt ist, daß bei ihm und für ihn das Sprechende unaussprechlich oder unauszusprechend, daß bei ihm und für ihn das Besondere und Bewußtere die Form des Unbewußten und Allgemeinen annimmt, daß also jene beeden Gegensäze in ihm zu einem werden, weil sie in ihm ihre unterscheidende Form umkehren und sich auch in so weit vereinigen, als sie im ursprünglichen Gefühle verschieden sind —

ein solcher Mensch kann nur aus der höchsten Entgegensezung von Natur und Kunst erwachsen, und so wie (ideal) das Übermaas der Innigkeit aus Innigkeit hervorgeht, so geht dieses reale Übermaas der Innigkeit aus Feindseeligkeit und höchstem Zwist hervor, wo das aorgische nur deswegen die bescheidene Gestalt des Besondern annimmt, und sich so zu versöhnen scheint mit dem überorganischen, das organische nur deßwegen die bescheidene Gestalt des Allgemeinen annimmt, und sich zu versöhnen scheint mit dem überaorgischen überlebendigen, weil beide sich auf den höchsten Extremen am tiefsten durchdringen und berühren, und hiemit in ihrer äußern Form die Gestalt den Schein des Entgegengesezten annehmen müssen.

So ist Empedokles, wie gesagt, das Resultat seiner Periode, und sein Karakter weist auf diese zurük, so wie er aus dieser hervorgieng. Sein Schiksaal stellt sich in ihm dar, als in einer augenbliklichen Vereinigung, die aber sich auflösen muß, um mehr zu werden.

Er scheint nach allem zum Dichter geboren, scheint also, in seiner subjectiven thätigern Natur, schon jene ungewöhnliche Tendenz zur Allgemeinheit zu haben, die unter andern Umständen, oder durch Einsicht und Vermeidung ihres zu starken Einflusses, zu jener ruhigen Betrachtung, zu jener Vollständigkeit und duchgängiger Bestimmtheit des Bewußtseyns wird, womit der Dichter auf ein Ganzes blikt, ebenso scheint in seiner objectiven Natur, in seiner Passivität, jene glükliche Gaabe zu liegen, die auch ohne geflissentliches und wissentliches Ordnen und Denken, Bilden, zum Ordnen und Denken und Bilden geneigt ist, jene Bildsamkeit der Sinne und des Gemüths, die al-

les solche leicht und schnell in seiner Ganzheit lebendig aufnimmt, und die der künstlichen Thätigkeit mehr zu sprechen, als zu thun giebt. Aber diese Anlage sollte nicht in ihrer eigentümlichen Sphäre wirken und bleiben, er sollte nicht in seiner Art und seinem Maas, in seiner eigentümlichen Beschränktheit und Reinheit, wirken und diese Stimmung durch den freien Ausdruk derselben zur allgemeineren Stimmung, die zugleich Bestimmung seines Volks war, werden lassen, das Schiksaal seiner Zeit, die gewaltigen Extreme in denen er erwuchs, forderten nicht Gesang, wo das Reine in einer idealischen Darstellung die zwischen der Gestalt des Schiksaals und des Ursprünglichen liegt, noch leicht wieder aufgefaßt wird, wenn sich die Zeit noch nicht zu sehr davon entfernt hat; das Schiksaal seiner Zeit erforderte auch nicht eigentliche That, die zwar unmittelbar wirkt und hilft, aber auch einseitiger, und um so mehr, je weniger sie den ganzen Menschen *exponirt*; es erforderte ein *Opfer*, wo der ganze Mensch, das *
wirklich und sichtbar wird, worinn das Schiksaal seiner Zeit sich aufzulösen scheint, wo die Extreme sich in Einem wirklich und sichtbar zu vereinigen scheinen, eben deswegen zu innig vereiniget sind, und in einer idealischen That das Individuum deswegen untergeht und untergehen muß, weil an ihm sich die vorzeitige aus Noth und Zwist hervorgegangene sinnliche Vereinigung zeigte, welche das Problem des Schiksaals auflöste, das sich aber niemals sichtbar und individuell auflösen kann, weil sonst das Allgemeine im Individuum sich verlöre, und (was noch schlimmer, als alle großen Bewegungen des Schiksaals und allein unmöglich ist) das Leben einer Welt, in einer Einzelnheit abstürbe; da hingegen, wenn diese Einzelnheit sich auflöst weil es, als vorzeitiges wirkliches Resultat des Schiksaals, zu innig und sichtbar war, das Problem des Schiksaals zwar materialiter sich auf dieselbe Art auflöst, aber formaliter anders, indem eben das Übermaas der Innigkeit, das aus Glük ursprünglich aber nur ideal und als Versuch hervorgegangen war, nun durch den höchsten Zwist wirklich geworden, sich insofern, eben darum, und in den Graden, Kräften und Werkzeugen sich wirklich aufhebt, in welchen das ursprüngliche Übermaas der

Innigkeit, die Ursache alles Zwists sich aufhob, so daß die Kraft des innigen Übermaßes sich wirklich verliert, und eine reifere wahrhafte, reine allgemeine Innigkeit übrigbleibt.

So sollte also Empedokles ein Opfer seiner Zeit werden, die Probleme des Schiksaals, in dem er erwuchs, sollten in ihm sich scheinbar lösen, und diese Lösung sollte sich als eine scheinbare temporäre zeigen, wie mehr oder weniger bei allen tragischen Personen, die alle in ihren Karakteren und Äußerungen mehr oder weniger Versuche sind, die Probleme des Schiksaals zu lösen, und alle sich insofern und in dem Grade aufheben, in welchem sie nicht allgemein gültig sind, wenn nicht anders ihre Rolle, ihr Karakter und seine Äußerungen sich von selbst als etwas vorübergehendes und augenblikliches darstellen, so daß also derjenige, der scheinbar das Schiksaal am vollständigsten löst, auch sich am meisten in seiner Vergänglichkeit und im Fortschritte seiner Versuche am auffallendsten als Opfer darstellt.

Wie ist nun diß bei Empedokles der Fall?

Je mächtiger das Schiksaal, die Gegensäze von Kunst und Natur waren, um so mehr lag es in ihnen, sich immer mehr zu individualisiren, einen festen Punct, einen Halt zu gewinnen, und eine solche Zeit ergreift alle Individuen so lange, fodert sie zur Lösung auf, bis sie eines findet, in dem sich ihr unbekanntes Bedürfniß und ihre geheime Tendenz sich sichtbar und erreicht darstellt, von dem aus dann erst, die gefundene Auflösung ins Allgemeine übergehen muß.

So individualisirt sich seine Zeit in Empedokles, und jemehr sie sich in ihm individualisirt, je glänzender und wirklicher und sichtbarer in ihm das Räthsel aufgelöst erscheint, um so nothwendiger wird sein Untergang.

1) Schon der lebhafte allesversuchende Kunstgeist seines Volks überhaupt mußte in ihm sich aorgischer kühner unbegrenzter erfinderisch wiederhohlen, so wie von der andern Seite der glü-
* hende Himmelsstrich und die üppige Sicilianische Natur gefühlter, sprechender für ihn und in ihm sich darstellen mußte, und wenn er einmal von beiden Seiten ergriffen war, so mußte immer die eine Seite, die thätigere Kraft seines Wesens, die andere

als Gegenwirkung verstärken, so wie sich von dem empfindenden Theile seines Gemüths der Kunstgeist nähren und weiter treiben mußte. — 2) Unter seinen hyperpolitischen, immerrechtenden und berechnenden Agrigentinern, unter den fortstrebenden immersicherneuernden gesellschaftlichen Formen seiner Stadt, mußte ein Geist wie der seinige war, der immer nach Erfindung eines vollständigen Ganzen strebte, nur zu sehr zum Reformatorsgeiste werden, so wie die anarchische Ungebundenheit, wo jeder seiner Originalität folgte, ohne sich um die Eigentümlichkeit der andern zu kümmern, ihn mehr als andre bei seiner reichen selbstgenügsamen Natur und Lebensfülle, ungeselliger einsamer, stolzer und eigner machen mußte, und auch diese beiden Seiten seines Charakters mußten sich wechselseitig erheben und übertreiben. 3) Eine freigeisterische Kühnheit, die sich dem Unbekannten, außerhalb des menschlichen Bewußtseyns und Handelns liegenden, immer mehr entgegensezt, je inniger ursprünglich die Menschen sich im Gefühle mit jenem vereiniget fanden und durch einen natürlichen Instinkt getrieben wurden, sich gegen den zu mächtigen zu tiefen freundlichen Einfluß des Elements, vor Selbstvergessenheit und gänzlicher Entäußerung zu verwahren, die freigeisterische Kühnheit, dieses negative Räsonniren, Nichtdenken des Unbekannten, das bei einem übermüthigen Volke so natürlich ist, mußte bei Empedokles, der in keinem Falle zur Negation gemacht war, um einen Schritt weitergehen, er mußte des Unbekannten Meister zu werden, er mußte sich seiner versichern wollen, sein Geist mußte der Dienstbarkeit so sehr entgegenstreben, daß er die überwältigende Natur zu umfassen, und zu verstehen, und ihrer bewußt zu werden suchen mußte, wie er seiner selbst bewußt und gewiß seyn konnte, er mußte nach Identität mit ihr ringen, so mußte also sein Geist im höchsten Sinne aorgische Gestalt annehmen, von sich selbst und seinem Mittelpuncte sich reißen, immer sein Object so übermäßig penetriren, daß er in ihm, wie in einem Abgrund sich verlor, wo dann hingegen das ganze Leben des Gegenstandes das verlaßne durch die gränzenlose Thätigkeit des Geistes nun unendlicher empfänglich gewordene Gemüth ergreiffen, und bei ihm zu Individualität werden mußte, ihm seine Besonderheit geben, und diese in eben dem Grade durchgängiger nach sich stimmen mußte, als er sich geistigthätig dem Objecte hingegeben hatte. Und so erschien das Object in ihm in subjectiver Gestalt, wie er die objective Gestalt des Objects angenommen hatte. Er war das Allgemeine, das Unbekannte, das Object das Besondere. Und so schien der Widerstreit der Kunst, des Denkens, des Ordnens des bildenden Menschenkarakters und der bewußtloseren Natur gelöst, in den höchsten Extremen zu Einem und bis zum Tauschen der gegenseitigen unterscheidenden Form vereiniget. Diß war der Zauber, womit Empedokles in seiner Welt erschien.

Die Natur, welche seine freigeisterischen Zeitgenossen mit ihrer Macht und ihren Reizen nur um so gewaltiger beherrschte je unerkenntlicher sie von ihr abstrahirten, sie erschien mit allen ihren Melodien im Geiste und Munde dieses Mannes und so innig und warm und persönlich, wie wenn sein Herz das ihre wäre, und der Geist des Elements in menschlicher Gestalt unter den Sterblichen wohnte. Diß gab ihm seine Anmuth, seine Furchtbarkeit, seine Göttlichkeit, und alle Herzen, die der Sturm des Schiksaals bewegte, und Geister, die in der räthselhaften Nacht der Zeit unstät und ohne Leiter hin und wieder irrten, flogen ihm zu, und je menschlicher näher ihrem eignem Wesen er sich ihnen zugesellte, je mehr er, mit dieser Seele, ihre Sache zu seiner machte, und nachdem sie einmal in seiner Göttergestalt erschienen war, nun wieder in ihrer eigenern Weise ihnen wiedergegeben wurde, um so mehr war er der Angebetete. Dieser Grundton seines Karakters zeigte sich in allen seinen Verhältnissen. Sie nahmen ihn alle an. So lebte er in seiner höchsten Unabhängigkeit, in dem Verhältnisse, das ihm, auch ohne die objectiveren, und geschichtlichern, seinen Gang vorzeichnete, so daß die äusseren Umstände, die ihn denselben Weg führten, so wesentlich und unentbehrlich sie sind, um das zum Vorschein und zur Handlung zu bringen, was vieleicht nur Gedanke bei ihm geblieben wäre, dennoch, troz alles Widerstreits, in dem er in der Folge mit ihnen zu stehen scheint, doch seiner freiesten Stimmung und Seele begegnen, was denn auch kein Wunder ist, da eben diese Stimmung auch der innerste Geist der Umstände ist, da alle Extreme in diesen Umständen von eben diesem Geiste aus und wieder auf ihn zurükgiengen. In seinem unabhängigsten Verhältniß löst sich das Schiksaal seiner Zeit im ersten und lezten Problem auf. So wie diese scheinbare Lösung von hier aus wieder sich aufzuheben anfängt, und damit endet.

In diesem unabhängigen Verhältnisse lebt er, in jener höchsten * Innigkeit, die den Grundton seines Karakters macht, mit den Elementen, indeß die Welt um ihn hierin gerade im höchsten Gegensaze lebt, in jenem freigeisterischen Nichtdenken, nicht Anerkennen des Lebendigen von einer Seite, von der andern in der höchsten Dienstbarkeit gegen die Einflüsse der Natur. In diesem Verhältnisse lebt er 1) überhaupt, als fühlender Mensch, 2) als Philosoph und Dichter, 3) als ein Einsamer, der seine Gärten pflegt. Aber so wäre er noch keine dramatische Person, also muß er das Schiksaal nicht blos in allgemeinen Verhältnissen, und durch seinen unabhängigen Karakter, er muß es in besonderen Verhältnissen und in der besondersten Veranlassung und Aufgabe lösen. Aber in so innigem Verhältnisse wie er mit dem Lebendigen der Elemente steht, stehet er auch mit seinem Volke. Er war des negativen gewaltsamen Neuerungsgeistes nicht fähig, der gegen das trozige anarchische Leben, das keinen Einfluß, keine Kunst dulden will, nur durch Gegensaz anstrebt, er mußte um einen Schritt weiter gehen, er mußte, um das Lebendige zu ordnen, es mit seinem Wesen im Innersten zu ergreiffen streben, er mußte mit seinem Geiste des menschlichen Elements und aller Neigungen und Triebe, er mußte ihrer Seele, er mußte des Unbegreiflichen, des Unbewußten, des Unwillkürlichen in ihnen mächtig zu werden suchen, eben dadurch mußte sein Wille, sein Bewußtseyn, sein Geist, in dem er über die gewöhnliche und menschliche Grenze des Wissens und Wirkens gieng, sich selber verlieren, und objectiv werden, und was er geben wollte, das mußte er finden, da hingegen das objective desto reiner und tiefer in ihm widerklang, je offener sein Gemüth eben dadurch stand, daß der geistigthätige Mensch sich hingegeben hatte, und diß im Besonderen, wie im Allgemeinen.

So verhielt er sich als religiöser Reformator, als politischer Mensch, und in allen Handlungen, die er um ihrer willen that gegen sie, mit dieser stolzen schwärmerischen Ergebenheit, und löste sich, dem Scheine nach, schon durch den Ausdruk dieser Vertauschung des Object und Subjects, alles Schiksaal auf. Aber worinn kann dieser Ausdruk bestehen? welches ist derjenige, der in einem solchen Verhältnisse, dem genügt, der zuerst der unglaubige ist? und an diesem Ausdruk liegt alles, denn, darum muß das Einigende untergehen, weil es zu sichtbar und sinnlich erschien, und diß kann es nur dadurch, daß es in irgend einem bestimmtesten Puncte und Falle sich ausdrükt. Sie müssen das Einige das zwischen ihnen und dem Manne ist, sehen, wie können sie das? dadurch, daß er ihnen bis ins Äußerste gehorcht? aber worinn? in einem Puncte, wo sie über die Vereinigung der Extreme, in denen sie leben, im zweifelhaftesten sind. Bestehen nun diese Extreme aber im Zwiste von Kunst und Natur, so muß er die Natur gerade darinn, wo sie der Kunst am unerreichbarsten ist, vor ihren Augen mit der Kunst versöhnen. — Von hier aus entspinnt sich die Fabel. Er thut es mit Liebe und Widerwillen, denn die Furcht positiv zu werden, muß seine gröste natürlicherweise seyn, aus dem Gefühle, daß er, je wirklicher er das Innige ausdrükt, desto sicherer untergeht. Er legt seine Probe ab, nun glauben sie alles vollendet. Er erkennt sie daran. Die Täuschung, in der er lebte, als wäre er Eines mit ihnen, hört nun auf. Er zieht sich zurük, und sie erkalten gegen ihn. Sein Gegner benüzt diß, bewirkt die Verbannung. Sein Gegner, groß in natürlichen Anlagen, wie Empedokles, sucht die Probleme der Zeit auf andere, auf negativere Art zu lösen. Zum Helden geboren, ist er nicht sowohl geneigt, die Extreme zu vereinigen, als sie zu bändigen, und ihre Wechselwirkung an ein Bleibendes und Vestes zu knüpfen, das zwischen sie gestellt ist, und jedes in seiner Gränze hält, indem es jedes sich zu eigen macht. Seine Tugend ist der Verstand, seine Göttin die Nothwendigkeit. Er ist das Schiksaal selber, nur mit dem Unterschiede, daß die streitenden Kräfte in ihm an ein Bewußtsein, an einen Scheidepunct vestgeknüpft sind, der sie klar und sicher gegenüberhält, der sie an einer (negativen) Idealität bevestiget und ihnen eine Richtung giebt.

Wie sich Natur und Kunst bei Empedokles im Extreme des Widerstreits dadurch vereinigen, daß das thätige im Übermaas objectiv wird, und die verlorene Subjectivität durch die tiefe Einwirkung des Objects ersezt wird; so vereinigen sich Kunst und Natur in seinem Gegner dadurch, daß ein Übermaas von Objectivität und außer sich seyn, und Realität, (in solchem Klima, in solchem Getümmel von Leidenschaften und Wechsel der Originalität, in solcher herrischer Furcht des Unbekannten) bei muthig offnem Gemüthe, die Stelle des Thätigen und Bildenden vertreten, da hingegen das Subjective mehr die passive Gestalt des Duldens, der Vestigkeit, der Sicherheit gewinnt, und wenn die Extreme durch die Fertigkeit im Ausdauern derselben die Gestalt des organischen annehmen, so muß das subjectivthätige nun das organisirende, es muß zum Elemente werden, so auch hierin das Subjective und Objective ihre Gestalt verwechseln, und Eines werden in einem.

* Die Bedeutung der Tragödien ...

Die Bedeutung der Tragödien ist am leichtesten aus dem Paradoxon zu begreifen. Denn alles Ursprüngliche, weil alles Vermögen gerecht und gleich getheilt ist, erscheint zwar nicht in ursprünglicher Stärke nicht wirklich sondern eigentlich nur in * seiner Schwäche, so daß rechteigentlich das Lebenslicht und die Erscheinung der Schwäche jedes Ganzen angehört. Im Tragischen nun ist das Zeichen an sich selbst unbedeutend, wirkungslos, aber das Ursprüngliche ist gerade heraus. Eigentlich nemlich kann das Ursprüngliche nur in seiner Schwäche erscheinen, insofern aber das Zeichen an sich selbst als unbedeutend $=0$ gesezt wird, kann auch das Ursprüngliche, der verborgene Grund jeder Natur sich darstellen. Stellt die Natur in ihrer schwächsten Gaabe sich eigentlich dar, so ist das Zeichen wenn sie sich in ihrer stärksten Gaabe darstellt $=0$.

Sophokles-Anmerkungen *

Anmerkungen zum Oedipus

1.

Es wird gut seyn, um den Dichtern, auch bei uns, eine bürgerliche Existenz zu sichern, wenn man die Poësie, auch bei uns, den Unterschied der Zeiten und Verfassungen abgerechnet, zur μηχανη der Alten erhebt. *

Auch andern Kunstwerken fehlt, mit den griechischen verglichen, die Zuverlässigkeit; wenigstens sind sie bis izt mehr nach Eindrüken beurtheilt worden, die sie machen, als nach ihrem gesezlichen Kalkul und sonstiger Verfahrungsart, wodurch das Schöne hervorgebracht wird. Der modernen Poësie fehlt es aber besonders an der Schule und am Handwerksmäßigen, daß nemlich ihre Verfahrungsart berechnet und gelehrt, und wenn sie gelernt ist, in der Ausübung immer zuverlässig wiederhohlt werden kann. Man hat, unter Menschen, bei jedem Dinge, vor allem darauf zu sehen, daß es etwas ist, d. h. daß es in dem Mittel (*moyen*) seiner Erscheinung erkennbar ist, *
daß die Art, wie es bedingt ist, bestimmt und gelehret werden kann. Deswegen und aus höheren Gründen bedarf die Poësie besonders sicherer und karakteristischer Prinzipien und Schranken.

Dahin gehört einmal eben jener gesezliche Kalkul.

Dann hat man darauf zu sehen, wie der Innhalt sich von diesem unterscheidet, durch welche Verfahrungsart, und wie im unendlichen aber durchgängig bestimmten Zusammenhange der besondere Innhalt sich zum allgemeinen Kalkul verhält, und der Gang und das Vestzusezende, der lebendige Sinn, der nicht berechnet werden kann, mit dem kalkulablen Geseze in Beziehung gebracht wird.

Das Gesez, der Kalkul, die Art, wie, ein Empfindungssystem, der ganze Mensch, als unter dem Einflusse des Elements sich entwikelt, und Vorstellung und Empfindung und Räsonnement, in verschiedenen Successionen, aber immer nach einer sichern

Regel nacheinander hervorgehn, ist im Tragischen mehr Gleichgewicht, als reine Aufeinanderfolge.

Der tragische *Transport* ist nemlich eigentlich leer, und der ungebundenste.

Dadurch wird in der rhythmischen Aufeinanderfolge der
* Vorstellungen, worinn der *Transport* sich darstellt, *das, was man im Sylbenmaaße Cäsur heißt,* das reine Wort, die gegenrhythmische Unterbrechung nothwendig, um nemlich dem reißenden Wechsel der Vorstellungen, auf
* seinem Summum, so zu begegnen, daß alsdann nicht mehr der Wechsel der Vorstellung, sondern die Vorstellung selber erscheint.

Dadurch wird die Aufeinanderfolge des Kalkuls, und der Rhythmus getheilt, und bezieht sich, in seinen zweien Hälften so aufeinander, daß sie, als gleichwiegend, erscheinen.

Ist nun der Rhythmus der Vorstellungen so beschaffen, daß, in exzentrischer Rapidität, die *ersten* mehr durch die *folgenden* hingerissen sind, so muß die Cäsur oder die gegenrhythmische Unterbrechung *von vorne* liegen, so daß die erste Hälfte gleichsam gegen die zweite geschüzt ist, und das Gleichgewicht wird, eben weil die zweite Hälfte ursprünglich rapider ist, und schwerer zu wiegen scheint, der entgegenwirkenden Cäsur wegen, mehr sich von hinten her gegen den Anfang neigen.

Ist der Rhythmus der Vorstellungen so beschaffen, daß die *folgenden* mehr gedrungen sind von den *anfänglichen,* so wird die Cäsur mehr gegen das Ende liegen, weil es das Ende ist, was gegen den Anfang gleichsam geschüzt werden muß, und das Gleichgewicht wird folglich sich mehr gegen das Ende neigen, weil die erste Hälfte sich länger dehnt, das Gleichgewicht folglich später vorkommt. So viel vom kalkulablen Geseze.

Das erste nun der hier angedeuteten tragischen Geseze ist das des Oedipus.

Die Antigonä gehet nach dem zweiten hier berührten.

In beiden Stüken machen die Cäsur die Reden des Tiresias aus.

Er tritt ein in den Gang des Schiksaals, als Aufseher über die

Naturmacht, die tragisch, den Menschen seiner Lebenssphäre, dem Mittelpuncte seines innern Lebens in eine andere Welt entrükt und in die exzentrische Sphäre der Todten reißt.

2.

Die Verständlichkeit des Ganzen beruhet vorzüglich darauf, daß man die Scene ins Auge faßt, wo Oedipus den Orakelspruch zu unendlich deutet, zum *nefas* versucht *
wird.

Nemlich der Orakelspruch heißt:

95-97 Geboten hat uns Phöbos klar, der König,
Man soll des Landes Schmach, auf diesem Grund genährt,
Verfolgen, nicht Unheilbares ernähren.

Das konnte heißen: Richtet, allgemein, ein streng und rein Gericht, haltet gute bürgerliche Ordnung. Oedipus aber spricht gleich darauf priesterlich:

98 Durch welche Reinigung, etc.

Und gehet ins besondere,

101 Und welchem Mann bedeutet er diß Schiksaal?

Und bringet so die Gedanken des Kreon auf das furchtbare Wort:

102/103 Uns war, o König, Lajos vormals Herr
In diesem Land', eh du die Stadt gelenket.

So wird der Orakelspruch und die nicht nothwendig darunter gehörige Geschichte von Lajos' Tode zusammengebracht. In der gleich darauf folgenden Scene spricht aber, in zorniger Ahnung, der Geist des Oedipus, alles wissend, das *nefas* eigentlich aus, indem er das allgemeine Gebot argwöhnisch ins Besondere deutet, und auf einen Mörder des Lajos anwendet, und dann auch die Sünde als unendlich nimmt:

Wer unter euch den Sohn des Labdakos, 228-230
Lajos, gekannt, durch wen er umgekommen,
Dem sag' ich, daß ers all anzeige mir etc.

Um dieses Mannes willen 240-245
Fluch' ich, wer er auch sei, im Lande hier,
Von dem die Kraft und Thronen ich verwalte,
Nicht laden soll man noch ansprechen ihn;
Zu göttlichen Gelübden nicht und nicht zu Opfern
Ihn nehmen.
Es zeiget diß 247-248
Der Götterspruch, der Pythische, mir deutlich. etc.

Daher, im nachfolgenden Gespräche mit Tiresias, die wunderbare zornige Neugier, weil das Wissen, wenn es seine Schranke durchrissen hat, wie trunken in seiner herrlichen harmonischen Form, die doch bleiben kann, vorerst, sich selbst reizt, mehr zu wissen, als es tragen oder fassen kann.

Daher in der Scene mit Kreon nachher der Argwohn, weil der unbändige, und von traurigen Geheimnissen beladene Gedanke unsicher wird, und der treue gewisse Geist im zornigen Unmaas leidet, das, zerstörungsfroh, der reißenden Zeit nur folgt.

Daher, in der Mitte des Stüks, in den Reden mit Jokasta die
* traurige Ruhe, das Blöde, der mitleidswerthe naive Irrtum des gewaltigen Mannes, wo er Jokasten vom vermeintlichen Geburtsort und von Polybos erzählet, den er umzubringen fürchtet, weil er der Vater sei, und Meropen, die er fliehen will, um nicht sie, die seine Mutter sei, zu heurathen, den Worten des Tiresias nach, da dieser doch ihm sagte, er sei des Lajos Mörder und dieser sei sein Vater. Tiresias sagt nemlich im schon berührten Streite zwischen Oedipus und ihm:

Der Mann, den längst 455-460
Du suchest, drohend und verkündigend *den Mord*
Des Lajos, der ist hier; als Fremder, nach der Rede,
Wohnt er mit uns, doch bald, als Eingeborner,
Kund wird er, als Thebaner seyn und nicht
Sich freun am Unfall.

463-466 Kund wird er seyn, bei seinen Kindern wohnend,
Als Bruder und als Vater, und vom Weib, das ihn
Gebahr, Sohn und Gemahl, in Einem Bette mit
Dem Vater und sein Mörder.

Daher dann im Anfange der zweiten Hälfte, in der Scene mit dem Korinthischen Boten, da er zum Leben wieder versucht wird, das verzweifelnde Ringen, zu sich selbst zu kommen, das niedertretende fast schaamlose Streben, seiner mächtig zu werden, das närrischwilde Nachsuchen nach einem Bewußtseyn. *

JOKASTA.

935-937 Denn aufwärts bieget Oedipus den Muth
In mannigfacher Quaal, nicht, wie ein Mann,
Besonnen, deutet er aus Altem Neues.

OEDIPUS.

972/973 O liebstes, du, des Weibs Jokastas Haupt!
Was riefest du heraus mich aus den Häußern?

OEDIPUS.

984/985 An Krankheit welkte, wie es scheint, der Alte.

BOTE.

Und an der großen Zeit genug gemessen.

Es ist wohl zu bemerken, wie sich Oedipus' Geist hier an dem guten Spruche erhebt; so können die folgenden Reden aus edlerem Motiv erscheinen. Hier wirft er, der jezt gerade nicht mit herkulischen Schultern trägt, in hoher Schwäche, seiner mächtig zu werden, die königlichen Sorgen weg:

986-995 Wolan! wer sollte nun, o Weib, noch einmal
Den prophezeienden Heerd befragen, oder
Von oben schreiend die Vögel? Deren Sinn nach
Ich tödten sollte meinen Vater, der
Gestorben schlummert unter der Erd'; hier aber
Bin ich und rein ist meine Lanze, wenn er anders
Im Traume nicht umkam, von mir; so mag er
Gestorben seyn, von mir; zugleich nahm er auch

Die heutigen Sehersprüche mit, und liegt nun
Im Hades, Polybos, nicht weiter gültig.

Zulezt herrscht in den Reden vorzüglich das geisteskranke Fragen nach einem Bewußtseyn.

BOTE.
Wohl zeigst du, Kind, du wissest, was du thust, nicht. 1032/1033
OEDIPUS.
Wie, bei dem Göttlichen, Alter, *sprich etwas!*

OEDIPUS.
Was sagst du? pflanzte Polybos mich nicht? 1041-1045
BOTE.
Beinahe so etwas, wie unser einer.
OEDIPUS.
Wie das? ein Vater, der dem Niemand gleich ist?
BOTE.
Ein Vater eben. Polybos nicht; nicht ich.
OEDIPUS.
Wofür denn aber nennt der mich das Kind?

BOTE.
Ich löse dich, da dir die Zehn vernäht sind. 1058-1061
OEDIPUS.
Gewaltigen Schimpf bracht' aus den Windeln ich.
BOTE.
So daß genannt du bist nach diesem Dinge.
OEDIPUS.
Das, Götter! das, bei Mutter, Vater, rede.

IOKASTA.
Bei Göttern, nein! bist du besorgt ums Leben, 1084-1087
So suche nicht. Genug erkrankt bin ich.
OEDIPUS.
Sei gutes Muths! käm' ich von dreien Müttern
Dreifach ein Knecht, es machte dich nicht schlimmer.

OEDIPUS.

1100-1109 Was soll, das breche. Mein Geschlecht will ich,
Seis auch gering, doch will ich es erfahren.
Mit Recht ist sie, denn Weiber denken groß,
Ob meiner niedrigen Geburt beschämt.
Ich aber will, als Sohn des Glüks mich haltend,
Des wohlbegabten, nicht verunehrt werden.
Denn diß ist meine Mutter. Und klein und groß
Umfiengen mich die mitgebornen Monde.
Und so erzeugt, will ich nicht ausgehn, so,
So daß ich nicht ganz, was ich bin, erforschte.

Eben diß Allessuchende, Allesdeutende ists auch, daß sein Geist am Ende der rohen und einfältigen Sprache seiner Diener unterliegt.

Weil solche Menschen in gewaltsamen Verhältnissen stehn, spricht auch ihre Sprache, beinahe nach Furienart, in gewaltsamerem Zusammenhange.

3.

Die Darstellung des Tragischen beruht vorzüglich darauf, daß das Ungeheure, wie der Gott und Mensch sich paart, und gränzenlos die Naturmacht und des Menschen Innerstes im Zorn * Eins wird, dadurch sich begreift, daß das gränzenlose Eineswerden durch gränzenloses Scheiden sich reinigt. Της φυσεως * γραμματευς ην τον καλαμον αποβρεχων ευνουν.

Darum der immer widerstreitende Dialog, darum der Chor als Gegensaz gegen diesen. Darum das allzukeusche, allzumechanische und factisch endigende Ineinandergreifen zwischen den verschiedenen Theilen, im Dialog, und zwischen dem Chor und Dialog und den großen Parthien oder Dramaten, welche aus Chor und Dialog bestehen. Alles ist Rede gegen Rede, die sich gegenseitig aufhebt.

So in den Chören des Oedipus das Jammernde und Friedliche und Religiose, die fromme Lüge (*wenn ich Wahrsager bin,*

etc.) und das Mitleid bis zur gänzlichen Erschöpfung gegen einen Dialog, der die Seele eben dieser Hörer zerreißen will, in seiner zornigen Empfindlichkeit; in den Auftritten die schröck-
* lichfeierlichen Formen, das Drama wie eines Kezergerichtes, als Sprache für eine Welt, wo unter Pest und Sinnesverwirrung und allgemein entzündetem Wahrsagergeist, in müßiger Zeit, der Gott und der Mensch, damit der Weltlauf keine Lüke hat und das Gedächtniß der Himmlischen nicht ausgehet, in der allvergessenden Form der Untreue sich mittheilt, denn göttliche Untreue ist am besten zu behalten.

In solchem Momente vergißt der Mensch sich und den Gott, und kehret, freilich heiliger Weise, wie ein Verräther sich um. — In der äußersten Gränze des Leidens bestehet nemlich nichts mehr, als die Bedingungen der Zeit oder des Raums.

In dieser vergißt sich der Mensch, weil er ganz im Moment ist; der Gott, weil er nichts als Zeit ist; und beides ist untreu, die Zeit, weil sie in solchem Momente sich kategorisch wendet, und Anfang und Ende sich in ihr schlechterdings nicht reimen läßt; der Mensch, weil er in diesem Momente der kategorischen Umkehr folgen muß, hiermit im Folgenden schlechterdings nicht dem Anfänglichen gleichen kann.

So stehet Hämon in der Antigonä. So Oedipus selbst in der Mitte der Tragödie von Oedipus.

Anmerkungen zur Antigonä

1.

Die Regel, das kalkulable Gesez der Antigonä verhält sich zu dem des Oedipus, wie _/_ zu __ , so daß sich das Gleichgewicht mehr vom Anfang gegen das Ende, als vom Ende gegen den Anfang zu neigt.

Sie ist eine der verschiedenen Successionen, in denen sich Vorstellung und Empfindung und Räsonnement, nach poëtischer Logik, entwikelt. So wie nemlich immer die Philosophie nur ein Vermögen der Seele behandelt, so daß die Darstellung dieses Einen Vermögens ein Ganzes macht, und das blose Zusammenhängen *der Glieder* dieses Einen Vermögens Logik genannt wird; so behandelt die Poësie die verschiedenen Vermögen des Menschen, so daß die Darstellung dieser verschiedenen Vermögen ein Ganzes macht, und das Zusammenhängen der *selbstständigeren Theile* der verschiedenen Vermögen der Rhythmus, im höhern Sinne, oder das kalkulable Gesez genannt werden kann.

Ist aber dieser Rhythmus der Vorstellungen so beschaffen, * daß in der Rapidität der Begeisterung, die *ersten* mehr durch die *folgenden* hingerissen sind, so muß die Cäsur a) dann oder die *gegenrhythmische Unterbrechung von vorne* liegen, so daß die erste Hälfte gleichsam gegen die zweite geschüzt ist, und das Gleichgewicht, eben weil die zweite Hälfte ursprünglich rapider ist und schwerer zu wiegen scheint, der entgegenwirkenden Cäsur wegen, mehr von hinten her b) sich gegen den Anfang c) neiget. 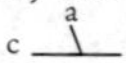

Ist der Rhythmus der Vorstellungen aber so beschaffen, daß *die folgenden* mehr gedrungen sind von *den anfänglichen*, so wird die Cäsur a) mehr gegen das Ende liegen, weil es das Ende ist, was gegen den Anfang gleichsam geschüzt werden muß, und das Gleichgewicht wird folglich mehr sich gegen das Ende b) neigen, weil die erste Hälfte c) sich länger dehnt, das Gleichgewicht aber später vorkommt. 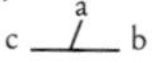

2.

466-468 Was wagtest du, ein solch Gesez zu brechen?

Darum, *mein* Zevs berichtete mirs nicht,
Noch hier im Haus das Recht der Todesgötter etc.

Der kühnste Moment eines Taglaufs oder Kunstwerks ist, wo der Geist der Zeit und Natur, das Himmlische, was den Menschen ergreift, und der Gegenstand, für welchen er sich interessirt, am wildesten gegeneinander stehen, weil der sinnliche Gegenstand nur eine Hälfte weit reicht, *der Geist aber am* mächtigsten erwacht, da wo die zweite Hälfte angehet. In diesem Momente muß der Mensch sich am meisten festhalten, deswegen steht er auch da am offensten in seinem Karakter.

* Das tragischmäßige Zeitmatte, dessen Object dem Herzen doch nicht eigentlich interessant ist, folgt dem reißenden Zeitgeist am unmäßigsten, und dieser erscheint dann wild, nicht, daß er die Menschen schonte, wie ein Geist am Tage, sondern er ist schonungslos, als Geist der ewig lebenden ungeschriebenen Wildniß und der Todtenwelt.

KREON.

Doch, Guten gleich, sind Schlimme nicht zu nehmen. 541/542

ANTIGONÄ.

* Wer weiß, da kann doch drunt' ein andrer Brauch seyn.

Das Liebenswürdige, Verständige im Unglük. Das Träumerischnaive. Eigentliche Sprache des Sophokles, da Aeschylus und Euripides mehr das Leiden und den Zorn, weniger aber des Menschen Verstand, als unter Undenkbarem wandelnd, zu objectiviren wissen.

KREON.

Wenn meinem Uranfang' ich treu beistehe, lüg' ich? 773/774

HÄMON.

Das bist du nicht, hälst du nicht heilig Gottes Nahmen.

statt: trittst du der Götter Ehre. Es war wohl nöthig, hier den heiligen Ausdruk zu ändern, da er in der Mitte bedeutend ist, als Ernst und selbstständiges Wort, an dem sich alles übrige objectiviret und verklärt.

* Wohl die Art, wie in der Mitte sich die Zeit wendet, ist nicht wohl veränderlich, so auch nicht wohl, wie ein Karakter der kategorischen Zeit kategorisch folget, und wie es vom griechischen zum hesperischen gehet, hingegen der heilige Nahmen, unter welchem das Höchste gefühlt wird oder geschiehet. Die Rede bezieht sich auf den Schwur des Kreon.

1106/1107 Nicht lang mehr brütest
In eifersüchtger Sonne du.

Auf der Erde, unter Menschen, kann die Sonne, wie sie relativ physisch wird, auch wirklich relativ im Moralischen werden.

852 Ich habe gehört, der Wüste gleich sei worden etc.

Wohl der höchste Zug an der Antigonä. Der erhabene Spott, so fern heiliger Wahnsinn höchste menschliche Erscheinung, und hier mehr Seele als Sprache ist, übertrifft alle ihre übrigen Äußerungen; und es ist auch nöthig, so im Superlative von der Schönheit zu sprechen, weil die Haltung unter anderem auch auf dem Superlative von menschlichem Geist und heroischer Virtuosität beruht.

Es ist ein großer Behelf der geheimarbeitenden Seele, daß sie auf dem höchsten Bewußtseyn dem Bewußtseyn ausweicht, und ehe sie wirklich der gegenwärtige Gott ergreift, mit kühnem oft sogar blasphemischem Worte diesem begegnet und so die heilige lebende Möglichkeit des Geistes erhält.

In hohem Bewußtseyn vergleicht sie sich dann immer mit Gegenständen, die kein Bewußtseyn haben, aber in ihrem Schiksaal des Bewußtseyns Form annehmen. So einer ist ein wüst gewordenes Land, das in ursprünglicher üppiger Fruchtbarkeit die Wirkungen des Sonnenlichts zu sehr verstärket, und darum dürre wird. Schiksaal der Phrygischen Niobe; wie überall *
Schiksaal der unschuldigen Natur, die überall in ihrer Virtuosität in eben dem Grade ins Allzuorganische gehet, wie der Mensch sich dem Aorgischen nähert, in heroischeren Verhält- *
nissen, und Gemüthsbewegungen. Und Niobe ist dann auch recht eigentlich das Bild des frühen Genies.

987/988 Sie zählete dem Vater der Zeit *
Die Stundenschläge, die goldnen. *

statt: verwaltete dem Zevs das goldenströmende Werden. Um es unserer Vorstellungsart mehr zu nähern. Im Bestimmteren oder Unbestimmteren muß wohl Zevs gesagt werden.

* Im Ernste lieber: Vater der Zeit oder: Vater der Erde, weil sein Karakter ist, der ewigen Tendenz entgegen, das Streben aus dieser Welt in die andre zu kehren zu einem Streben aus einer andern Welt in diese. Wir müssen die Mythe nemlich überall beweisbarer darstellen. Das goldenströmende Werden bedeutet wohl die Stralen des Lichts, die auch dem Zevs gehören, in sofern die Zeit, die bezeichnet wird, durch solche Stralen berechenbarer ist. Das ist sie aber immer, wenn die Zeit im Leiden gezählt wird, weil dann das Gemüth viel mehr dem Wandel der Zeit mitfühlend folget, und so den einfachen Stundengang begreift, nicht aber der Verstand von Gegenwart auf die Zukunft schließt.

Weil aber dieses vesteste Bleiben vor der wandelnden Zeit, diß heroische Eremitenleben das höchste Bewußtseyn wirklich ist, motivirt sich dadurch der folgende Chor, als reinste Allgemeinheit und als eigentlichster Gesichtspunct, wo das Ganze angefaßt werden muß.

Nemlich dieser enthält, als Gegensaz gegen das Allzuinnige dieser vorhergegangenen Stelle, die höchste Unpartheilichkeit der zwei entgegengesezten Karaktere, aus welchen die verschiedenen Personen des Dramas handeln.

* Einmal das, was den Antitheos karakterisirt, wo einer, in Gottes Sinne, wie gegen Gott sich verhält, und den Geist des Höchsten gesezlos erkennt. Dann die fromme Furcht vor dem Schiksaal, hiemit das Ehren Gottes, als eines gesezten. Diß ist der Geist der beiden unpartheiisch gegen einander gestellten Gegensäze im Chore. Im ersten Sinne mehr Antigonä handelnd. Im zweiten Kreon. Beede, in sofern sie entgegengesezt sind, nicht wie Nationelles und Antinationelles, hiemit Gebildetes, wie Ajax und Ulyss, auch nicht, wie Oedipus gegen die griechischen Landleute, und die antique Originalnatur, als Freigeist gegen getreue Einfalt, sondern gleich gegen einander abgewogen und nur der Zeit nach verschieden, so daß das eine vorzüglich darum verlieret, weil es anfängt, das andere gewinnet, weil es nachfolgt. In sofern passet der sonderbare Chor, von dem hier eben die Rede ist, aufs geschikteste zum Ganzen, und seine kalte Unpar-

theilichkeit ist Wärme, eben weil sie so eigentümlich schiklich ist.

3.

Die tragische Darstellung beruhet, wie in den Anmerkungen zum Oedipus angedeutet ist, darauf, daß der unmittelbare Gott, ganz Eines mit dem Menschen (denn der Gott eines Apostels ist mittelbarer, ist höchster Verstand in höchstem Geiste), daß die unendliche Begeisterung unendlich, das heißt in Gegensäzen, im Bewußtseyn, welches das Bewußtseyn aufhebt, heilig sich scheidend, sich faßt, und der Gott, in der Gestalt des Todes, gegenwärtig ist.

Deswegen, wie schon in den Anmerkungen zum Oedipus berührt ist, die dialogische Form, und der Chor im Gegensaze mit dieser, deswegen die gefährliche Form, in den Auftritten, die, nach griechischerer Art, nothwendig factisch in dem Sinne ausgehet, daß das Wort mittelbarer factisch wird, indem es den sinnlicheren Körper ergreift; nach unserer Zeit und Vorstellungsart unmittelbarer, indem es den geistigeren Körper ergreift. Das griechischtragische Wort ist tödtlichfactisch, weil der Leib, den es ergreifet, wirklich tödtet. Für uns, da wir unter dem eigentlicheren Zevs stehen, der nicht nur zwischen dieser Erde und der wilden Welt der Todten innehält, sondern den ewig menschenfeindlichen Naturgang, auf seinem Wege in die andre Welt, entschiedener zur Erde zwinget, und da diß die wesentlichen und vaterländischen Vorstellungen groß ändert, und unsere Dichtkunst vaterländisch seyn muß, so daß ihre Stoffe nach unserer Weltansicht gewählt sind, und ihre Vorstellungen vaterländisch, verändern sich die griechischen Vorstellungen in sofern, als ihre Haupttendenz ist, sich fassen zu können, weil darin ihre Schwäche lag, da hingegen die Haupttendenz in den Vorstellungsarten unserer Zeit ist, etwas treffen zu können, Geschik zu haben, da das Schiksaallose, das δυσμορον, unsere Schwäche ist. * Deswegen hat der Grieche auch mehr Geschik und Athletentugend, und muß diß, so paradox uns die Helden der Iliade erscheinen mögen, als eigentlichen Vorzug und als ernstliche Tugend haben. Bei uns ist diß mehr der Schiklichkeit subordinirt. Und so auch sind die griechischen Vorstellungsarten und poëtischen Formen mehr den vaterländischen subordinirt.

Und so ist wohl das tödtlichfactische, der wirkliche Mord aus Worten, mehr als eigentümlich griechische und einer vaterländischeren Kunstform subordinirte Kunstform zu betrachten. Eine vaterländische mag, wie wohl beweislich ist, mehr tödtendfactisches, als tödtlichfactisches Wort seyn; nicht eigentlich mit Mord oder Tod endigen, weil doch hieran das Tragische muß gefaßt werden, sondern mehr im Geschmake des Oedipus auf Kolonos, so daß das Wort aus begeistertem Munde schreklich ist, und tödtet, nicht griechisch faßlich, in athletischem und plastischem Geiste, wo das Wort den Körper ergreift, daß dieser tödtet.

So beruhet griechischer oder hesperischer die tragische Darstellung auf gewaltsamerem oder unaufhaltsamerem Dialog und Chören, haltend oder deutend für den Dialog, die dem unendlichen Streite die Richtung oder die Kraft geben, als leidende Organe des göttlichringenden Körpers, die nicht wohl fehlen können, weil auch in tragischunendlicher Gestalt der Gott dem Körper sich nicht absolut unmittelbar mittheilen kann, sondern verständlich gefaßt, oder lebendig zugeeignet werden muß; vorzüglich aber bestehet die tragische Darstellung in dem factischen Worte, das, mehr Zusammenhang, als ausgesprochen, schiksaalsweise, vom Anfang bis zu Ende gehet; in der Art des Hergangs, in der Gruppirung der Personen gegeneinander, und in der Vernunftform, die sich in der furchtbaren Muse einer tragischen Zeit bildet, und so wie sie in Gegensäzen sich darstellte, in ihrer wilden Entstehung, nachher, in humaner Zeit, als feste aus göttlichem Schiksaal geborene Meinung gilt.

Die Art des Hergangs in der Antigonä ist die bei einem Aufruhr, wo es, so fern es vaterländische Sache ist, darauf ankommt, daß jedes, als von unendlicher Umkehr ergriffen, und erschüttert, in unendlicher Form sich fühlt, in der es erschüttert ist.

Denn vaterländische Umkehr ist die Umkehr aller Vorstellungsarten * und Formen. Eine gänzliche Umkehr in diesen ist aber, so wie überhaupt gänzliche Umkehr, ohne allen Halt, dem Menschen, als erkennendem Wesen unerlaubt. Und in vaterländischer Umkehr, wo die ganze Gestalt der Dinge sich ändert, und die Natur und Nothwendigkeit, die immer bleibt, zu einer andern Gestalt sich neiget, sie gehe in Wildniß über oder in neue Gestalt, in einer solchen Veränderung ist alles blos Nothwendige partheiisch für die Veränderung, deswegen kann, in Möglichkeit solcher Veränderung, auch der Neutrale, nicht nur, der gegen die vaterländische Form ergriffen ist, von einer Geistesgewalt der Zeit; gezwungen werden, patriotisch, gegenwärtig zu seyn, in unendlicher Form, der religiösen, politischen und moralischen seines Vaterlands. (προφανηϑι ϑεος). Es * sind auch solche ernstliche Bemerkungen nothwendig zum Verständnisse der griechischen, wie aller ächten Kunstwerke. Die eigentliche Verfahrungsart nun bei einem Aufruhr, (die freilich nur Eine Art vaterländischer Umkehr ist, und noch bestimmteren Karakter hat) ist eben angedeutet.

Ist ein solches Phänomen tragisch, so gehet es durch Reaction, und das unförmliche entzündet sich an allzuförmlichem. Das Karakteristische dabei ist deswegen das, daß die in solchem Schiksaal begriffenen Personen, nicht wie im Oedipus, in Ideengestalt, als streitend um die Wahrheit, stehen, und wie eines, das sich des Verstandes wehret, auch nicht, wie eines, das sich des Lebens oder Eigentums oder der Ehre wehret, wie die Personen im Ajax, sondern daß sie als Personen im engeren Sinne, als Standespersonen gegeneinander stehen, daß sie sich formalisiren.

Die Gruppirung solcher Personen, ist, wie in der Antigonä, mit einem Kampfspiele von Läufern zu vergleichen, wo der, welcher zuerst schwer Othem holt und sich am Gegner stößt, verloren hat, da man das Ringen im Oedipus mit einem Faustkampf, das im Ajax mit einem Fechterspiele vergleichen kann.

Die Vernunftform, die hier tragisch sich bildet, ist politisch und zwar republikanisch, weil zwischen Kreon und Antigonä, förmlichem und gegenförmlichem, das Gleichgewicht zu gleich gehalten ist. Besonders zeigt sich diß am Ende, wo Kreon von seinen Knechten fast gemißhandelt wird.

Sophokles hat Recht. Es ist diß Schiksaal seiner Zeit und Form seines Vaterlandes. Man kann wohl idealisiren, z. B. den besten Moment wählen, aber die vaterländischen Vorstellungsarten dürfen, wenigstens der Unterordnung nach, vom Dichter, der die Welt im verringerten Maasstab darstellt, nicht verändert werden. Für uns ist eine solche Form gerade tauglich, weil das Unendliche, wie der Geist der Staaten und der Welt, ohnehin nicht anders, als aus linkischem Gesichtspunct kann gefaßt werden. Die vaterländischen Formen unserer Dichter, wo solche sind, sind aber dennoch vorzuziehen, weil solche nicht blos da sind, um den Geist der Zeit verstehen zu lernen, sondern ihn festzuhalten und zu fühlen, wenn er einmal begriffen und gelernt ist.

* PINDAR-FRAGMENTE

Untreue der Weisheit

* O Kind, dem an des pontischen Wilds Haut
Des felsenliebenden am meisten das Gemüth
Hängt, allen Städten geselle dich,
Das gegenwärtige lobend
Gutwillig,
Und anderes denk in anderer Zeit.

Fähigkeit der einsamen Schule für die Welt. Das Unschuldige des reinen Wissens als die Seele der Klugheit. Denn Klugheit ist die Kunst, unter verschiedenen Umständen getreu zu bleiben, das Wissen die Kunst, bei positiven Irrtümern im Verstande sicher zu seyn. Ist intensiv der Verstand geübt, so erhält er seine Kraft auch im Zerstreuten; so fern er an der eigenen geschliffenen Schärfe das Fremde leicht erkennt, deßwegen nicht leicht irre wird in ungewissen Situationen.

* So tritt Jason, ein Zögling des Centauren, vor den Pelias:

ich glaube die Lehre
Chirons zu haben. Aus der Grotte nemlich komm' ich
Bei Charikli und Philyra, wo des
Centauren Mädchen mich ernähret,
Die heiligen; zwanzig Jahre aber hab'
Ich zugebracht und nicht ein Werk
* Noch Wort, ein schmuziges jenen
Gesagt, und bin gekommen nach Haus,
Die Herrschaft wiederzubringen meines Vaters.

Von der Wahrheit *

Anfängerin großer Tugend, Königin Wahrheit,
Daß du nicht stoßest
Mein Denken an rauhe Lüge.

Furcht vor der Wahrheit, aus Wohlgefallen an ihr. Nemlich das erste lebendige Auffassen derselben im lebendigen Sinne ist, wie alles reine Gefühl, Verwirrungen ausgesezt; so daß man nicht irret, aus eigener Schuld, noch auch aus einer Störung, sondern des höheren Gegenstandes wegen, für den, verhältnismäßig, der Sinn zu schwach ist.

Von der Ruhe

Das Öffentliche, hat das ein Bürger
In stiller Witterung gefaßt, *
Soll er erforschen
Großmännlicher Ruhe heiliges Licht *
Und den Aufruhr von der Brust,
Von Grund aus wehren seinen Winden; denn Armut macht er
Und feind ist er Erziehern der Kinder.

Ehe die Geseze, der großmännlichen Ruhe heiliges Licht, erforschet werden, muß einer, ein Gesezgeber oder ein Fürst, in reißenderem oder stetigerem Schiksaal eines Vaterlandes und je nachdem die Receptivität des Volkes beschaffen ist, den Karakter jenes Schiksaals, das königlichere oder gesammtere in den Verhältnissen der Menschen, zu ungestörter Zeit usurpatorischer, wie bei griechischen Natursöhnen, oder erfahrener, wie bei Menschen von Erziehung auffassen. Dann sind die Geseze die Mittel, jenes Schiksaal in seiner Ungestörtheit festzuhalten. Was für den Fürsten origineller Weise, das gilt, als Nachahmung für den eigentlicheren Bürger. *

* Vom Delphin

Den in des wellenlosen Meeres Tiefe von Flöten
Bewegt hat liebenswürdig der Gesang.

Der Gesang der Natur, in der Witterung der Musen, wenn über Blüthen die Wolken, wie Floken, hängen, und über dem Schmelz von goldenen Blumen. Um diese Zeit giebt jedes Wesen seinen Ton an, seine Treue, die Art, wie eines in sich selbst zusammenhängt. Nur der Unterschied der Arten macht dann die Trennung in der Natur, daß also alles mehr Gesang und reine Stimme ist, als Accent des Bedürfnisses oder auf der anderen Seite Sprache.

Es ist das wellenlose Meer, wo der bewegliche Fisch die Pfei-
* fe der Tritonen, das Echo des Wachstums in den waichen Pflanzen des Wassers fühlt.

* Das Höchste

Das Gesez,
Von allen der König, Sterblichen und
Unsterblichen; das führt eben
Darum gewaltig
Das gerechteste Recht mit allerhöchster Hand.

Das Unmittelbare, streng genommen, ist für die Sterblichen unmöglich, wie für die Unsterblichen; der Gott muß verschiedene Welten unterscheiden, seiner Natur gemäß, weil himmlische Güte, ihret selber wegen, heilig seyn muß, unvermischet. Der Mensch, als Erkennendes, muß auch verschiedene Welten unterscheiden, weil Erkentniß nur durch Entgegensezung möglich ist. Deswegen ist das Unmittelbare, streng genommen, für die Sterblichen unmöglich, wie für die Unsterblichen.

Die strenge Mittelbarkeit ist aber das Gesez.

Deswegen aber führt es gewaltig das gerechteste Recht mit allerhöchster Hand.

Die Zucht, so fern sie die Gestalt ist, worinn der Mensch sich und der Gott begegnet, der Kirche und des Staats Gesez und anererbte Sazungen (die Heiligkeit des Gottes, und für den Menschen die Möglichkeit einer Erkentniß, einer Erklärung), diese führen gewaltig das gerechteste Recht mit allerhöchster Hand, sie halten strenger, als die Kunst, die lebendigen Verhältnisse fest, in denen, mit der Zeit, ein Volk sich begegnet hat und begegnet.

»König« bedeutet hier den Superlativ, der nur das Zeichen ist für den höchsten Erkentnißgrund, nicht für die höchste Macht.

Das Alter *

Wer recht und heilig
Das Leben zubringt,
Süß ihm das Herz ernährend,
Lang Leben machend,
Begleitet die Hoffnung, die
Am meisten Sterblichen
Die vielgewandte Meinung regieret.

Eines der schönsten Bilder des Lebens, wie schuldlose Sitte das lebendige Herz erhält, woraus die Hoffnung kommet; die der Einfalt dann auch eine Blüthe giebt, mit ihren mannigfaltigen Versuchen und den Sinn gewandt und so lang Leben machet, mit ihrer eilenden Weile.

Das Unendliche

Ob ich des Rechtes Mauer
Die hohe oder krummer Täuschung
* Ersteig' und so mich selbst
Umschreibend, hinaus
Mich lebe, darüber
Hab ich zweideutig ein
Gemüth, genau es zu sagen.

Ein Scherz des Weisen, und das Räthsel sollte fast nicht gelöst werden. Das Schwanken und das Streiten zwischen Recht und Klugheit löst sich nemlich nur in durchgängiger Beziehung. »Ich habe zweideutig ein Gemüth genau es zu sagen.« Daß ich dann zwischen Recht und Klugheit den Zusammenhang auffinde, der nicht ihnen selber, sondern einem dritten zugeschrieben werden muß, wodurch sie unendlich (genau) zusammenhängen, darum hab' ich ein zweideutig Gemüth.

Die Asyle

Zuerst haben
Die wohlrathende Themis
* Die Himmlischen, auf goldenen Rossen, neben
Des Ozeans Salz,
Die Zeiten zu der Leiter,
Zur heiligen geführt des Olympos, zu
Der glänzenden Rükkehr,
* Des Retters alte Tochter,
Des Zevs zu seyn,
Sie aber hat
Die goldgehefteten, die gute,
* Die glänzendbefruchteten Ruhestätten geboren.

Wie der Mensch sich sezt, ein Sohn der Themis, wenn, aus *
dem Sinne für Vollkommenes, sein Geist, auf Erden und im
Himmel, keine Ruhe fand, bis sich im Schiksaal begegnend, an
den Spuren der alten Zucht, der Gott und der Mensch sich wie- *
dererkennt, und in Erinnerung ursprünglicher Noth froh ist
da, wo er sich halten kann.

Themis, die ordnungsliebende, hat die *Asyle des Menschen,* die stillen Ruhestätten geboren, denen nichts Fremdes ankann, weil an ihnen das Wirken und das Leben der Natur sich konzentrirte, und ein Ahnendes um sie, wie erinnernd, dasselbige erfähret, das sie vormals erfuhren.

Das Belebende

Die männerbezwingende, nachdem
Gelernet die Centauren *
Die Gewalt
Des honigsüßen Weines, plözlich trieben
Die weiße Milch mit Händen, den Tisch sie fort, von selbst,
Und aus den silbernen Hörnern trinkend
Bethörten sie sich.

Der Begriff von den Centauren ist wohl der vom Geiste ei- *
nes Stromes, so fern der Bahn und Gränze macht, mit Gewalt,
auf der ursprünglich pfadlosen aufwärtswachsenden Erde.

Sein Bild ist deswegen an Stellen der Natur, wo das Gestade reich an Felsen und Grotten ist, *besonders an Orten, wo ursprünglich der Strom die Kette der Gebirge verlassen und ihre Richtung queer durchreißen mußte.*

Centauren sind deswegen auch ursprünglich Lehrer der Na- *
turwissenschaft, weil sich aus jenem Gesichtspuncte die Natur
am besten einsehn läßt.

In solchen Gegenden mußt' ursprünglich der Strom umirren, eh' er sich eine Bahn riß. Dadurch bildeten sich, wie an Tei-

chen, feuchte Wiesen und Höhlen in der Erde für säugende
* Thiere, und der Centauer war indessen wilder Hirte, dem Odys-
säischen Cyklops gleich; die Gewässer suchten sehnend ihre
Richtung. Jemehr sich aber von seinen beiden Ufern das trok-
nere fester bildete, und Richtung gewann durch festwurzelnde
Bäume, und Gesträuche und den Weinstok, destomehr mußt'
auch der Strom, der seine Bewegung von der Gestalt des Ufers
annahm, Richtung gewinnen, bis er, von seinem Ursprung an
gedrängt, an einer Stelle durchbrach, wo die Berge, die ihn ein-
schlossen, am leichtesten zusammenhiengen.

So lernten die Centauren die Gewalt des honigsüßen
Weins, sie nahmen von dem festgebildeten, bäumereichen
Ufer Bewegung und Richtung an, und warfen die weiße
Milch und den Tisch mit Händen weg, die gestaltete
Welle verdrängte die Ruhe des Teichs, auch die Lebensart am
Ufer veränderte sich, der Überfall des Waldes, mit den Stür-
* men und den sicheren Fürsten des Forsts regte das müßige Le-
ben der Haide auf, das stagnirende Gewässer ward so lange zu-
rükgestoßen, vom jäheren Ufer, bis es Arme gewann,
* und so mit eigener Richtung, von selbst aus silbernen Hör-
nern trinkend, sich Bahn machte, eine Bestimmung an-
nahm.

* Die Gesänge des Ossian besonders sind wahrhaftige Centau-
rengesänge, mit dem Stromgeist gesungen, und wie vom grie-
chischen Chiron, der den Achill auch das Saitenspiel gelehrt.

ANMERKUNGEN

Frühschriften

3,2 Entstanden vermutlich 1794 in Waltershausen.

3,3 Einbildungskraft] Vgl. Kant, Kritik der reinen Vernunft, B 151.

3,24–25 Moralität des Instinkts] Terminologischer Widerspruch gegen das mit den Sätzen »Das Gesez der Freiheit gebietet ohne alle Rüksicht auf die Natur« und: »Moralität kann niemals der Natur anvertraut werden« zusammengefaßte Konzept praktischer Vernunft: die menschliche Natur als das »radikal Böse« (vgl. Kant, Die Religion innerhalb der Grenzen der blossen Vernunft, Erstes Stück). Vgl. auch die Erbsündenlehre, am schärfsten bei Augustinus formuliert: Alle Menschen sind ihrer Natur nach verdammt: »Der Anfang all' unsrer Tugend geschieht vom Bösen.« (S. 4)

4,6 Widerstand in der Natur] Vgl. Kant, Kritik der praktischen Vernunft, A 128, 142/43.

5,2 Vermutlich Anfang 1795 in Jena geschrieben.

5,3 Nemesis der Alten] Nemesis ist die Göttin der (strafenden) Gerechtigkeit, eine »Tochter der Nacht« (vgl. Hesiod, Theogonie S. 223 ff.).

5,6 Feinde der Principien] Damit kritisiert Hölderlin Empirismus und Skeptizismus.

6,14–15 zwischen ... Realgrunde] Ratio cognoscendi/essendi, vgl. Kant, Kritik der praktischen Vernunft, A 5 (Anm.).

7,1 Zwischen April und Mai 1795 in Jena geschrieben. Zum Ganzen vgl. Einleitung, S. XIII–XV.

7,7–8 bei ... Anschauung] Für Kant ein die Grenzen menschlicher Erkenntnis überschreitendes Noumenon im negativen Verstande, vgl. Kritik der reinen Vernunft, B 72, 308; vgl. auch Kritik der Urteilskraft, §§ 76, 77.

7,9–10 nicht ... werden] Gegen Fichte (vgl. Wissenschaftslehre von 1794, § 1) und Schelling (vgl. Vom Ich als Prinzip der Philosophie, §§ 7–13) gerichtet.

7,31 Ur=theilung] Diese etymologisierende Deutung hat auch Fichte in Jena gebraucht, vgl. Fichte, Gesamtausgabe der Bay. Akademie der Wissenschaften, II,4, Stuttgart 1976, S. 182. Vgl. V. Waibel, »Urtheilung« — »ursprünglich theilen«, in: U. Gaier, V. Lawitschka, W. Rapp, V. Waibel, Hölderlin Texturen 2, Tübingen 1995, S. 120.

9,1 Wahrscheinlich 1795 in Jena enstanden.

9,2 Hermokrates] Vgl. Platon, Timaios und Kritias; Cephalus (Kephalos): vgl. Phaidros, Politeia (I), Parmenides.

9,18 scientivischen Quietismus] Untätige Ruhe, Verzicht auf wissenschaftliches Weiterstreben. Historisch ein Verweis nicht auf die Quietismus-Debatte des 17. Jahrhunderts (M. de Molinos, F. Fénelon), sondern auf die Hesychasten, die »alten Heiligen« (so Hölderlin in einer Textvorstufe, vgl. FHA Bd. 17, S. 158/161), Mönche, die sich ab dem 13. Jahrhundert insbes. auf dem Athos einsiedlerisch zurückzogen.

10,1 Zum Titel vgl. Brief an Niethammer vom 24.2.1796: »[I]ch werde meine philosophischen Briefe ›Neue Briefe über die ästhetische Erziehung des Menschen‹ nennen. Auch werde ich darin von der Philosophie auf Poesie und Religion kommen«. (SWB II, S. 614/15) Die davon erhaltenen Fragmente sind vermutlich nach diesem Brief in Hölderlins Frankfurter Zeit entstanden: Gegen den erneuten Vorschlag einer Datierung in die Homburger Zeit 1798–1800 (vgl. H. Hühn, Mnemosyne, Stuttgart/Weimar 1997, S. 100–116) vgl. U. Gaier, »Vorstellungsarten« zur Datierung, in: U. Gaier, V. Lawitschka, S. Metzger, W. Rapp, V. Waibel, Hölderlin Texturen 3, Tübingen 1996, S. 226–231.

10,7–8 daß ... Welt] Vgl. ›Das älteste Systemprogramm des deutschen Idealismus‹: »Die Idee der Menschheit voran, will ich zeigen, daß es keine Idee vom Staat gibt, weil der Staat etwas *Mechanisches* ist, so wenig als es eine Idee von einer *Maschine* gibt. Nur was Gegenstand der *Freiheit* ist, heißt, Idee.« (Zit. nach: Theorie-Werkausgabe Bd. 1, Frankfurt a.M. 1971, S. 234) Über Rousseau vermittelte Kritik an der Konzeption des Staates als einer Maschine, die auf Hobbes' ›Leviathan‹ zurückgeht.

11,10 ihre ... geben] Der Freiheitsbegriff ist hier nicht (kantianisch) als etwas Regulatives oder nur Sein-Sollendes gefasst, sondern als etwas zu Verwirklichendes.

11,10–11 in ... Ganzen] Das Ganze einer Harmonie ist »gegenstrebige Fügung«, vgl. Odyssee 5, 247 f.; Hesiod, Theogonie 937; Sappho 76 D, 9; Pindar, 8. Pythische Ode, 68; Heraklit B 51, 8, 10, 54; Platon, Symposion 187 a–c; Aristoteles, De anima, 407 b 30–34.

11,20–21 (physische ... Nothdurft] ›Moralität‹ ist nicht Überwindung, sondern Ausdruck historischer Not.

13,2–3 auch ... Gedanke] Textkonstitution aus »als nur nichts blos gedacht werden«, vgl.: »kann dieser weder blos in Gedanken, noch blos im Gedächtniß wiederhohlt werden».

13,3–4 und ... giebt] Vgl. Antigone, V. 454 (vgl. ›Anmerkungen zur Antigonä‹, S. 102/103).

13,17–18 doch ... werden] Hölderlin kritisiert das Verfahren der Verstandeserkenntnis, deren Form die bestimmende Urteilskraft ist, vgl. Kant, Kritik der Urteilskraft, §§ 76, 77.

14,6–8 unzertrennlicher ... können] Diese Textkonstitution aus SWB II, 55 verdankt sich dem noch nicht erschienenen Supplementband I der FHA (vgl. SWB III, S. 388).

14,13–15 selbst ... d.h.] Es fehlt ein Textstück, vermutlich ein Blatt (vgl. M. Franz, in: SWB III, S. 388).

14,36 Mythisch] Der Begriff »Mythe« geht auf die Göttinger Altphilologen Chr. G. Heyne (1729–1812) und J.G. Eichhorn (1752–1827) zurück.

16,1 Vermutlich 1798 (vgl. SWB III, S. 344, 390) entstandene Notiz. Vgl. Brief an Niethammer vom 24.2.1796: »Schelling, den ich vor meiner Abreise sah, ist froh, in Deinem Journal mitzuarbeiten [...] Wir sprachen nicht immer accordirend miteinander [...]« (SWB II, S. 615).

17,1 1799 entstandene, reinschriftliche Sammlung vermutlich vorher formulierter Notate.

17,7 Inversionen ... Periode] In der (griech. und lat.) Rhetorik Umstellungen auch gegen die Eindeutigkeit logischer Deduktionen in der Fügung von Haupt- und Nebensätzen.

17,16–17 Da ... verläßt] Vgl. den Brief Schillers an Hölderlin vom 24.11.1796.

17,24–25 Zügel ... Geist] Vgl. (Pseudo)-Longinus, Vom Erhabenen 2,2.

18,29–30 das ... Nacht] Vgl. Spinoza, Ethik, II, Lehrsatz 43, Anmerkung.

18,33 Aber ... nöthigsten] Was man ästhetischen Geist nennt, »das erfordert ein Vermögen, das schnell vorübergehende Spiel der Einbildungskraft aufzufassen, und in einen Begriff (der eben darum original ist und zugleich eine neue Regel eröffnet, die aus keinen vorhergehenden Prinzipien oder Beispielen hat gefolgert werden können) zu vereinigen, der sich ohne Zwang der Regeln mitteilen läßt.« (Kant, Kritik der Urteilskraft, § 49, B 199/200, zit. nach: Werke, hg. v. W. Weischedel, Frankfurt/M. 1968, Bd. 10, S. 418)

19,9 »alles ... bezeichnende«] Vgl. W. Heinse, Ardinghello und die glückseligen Inseln, hg. v. M.L. Baeumer, Stuttgart 1975, S. 176.

19,22–23 Deswegen ... anfangen] Vgl. Platon, Symposion, 210d; Phaidros, 250d.

19,28–29 Das ... Beschränkungen] Vgl. Augustinus, Confessiones VI,11,19; XI,14,17; De civitate dei 13,10/11.

Aufsätze

21,2 Der Terminus post quem für die Datierung der Aufsätze ist das Frühjahr 1799. »Also Vereinigung und Versöhnung der Wissenschaft mit dem Leben, der Kunst und des Geschmaks mit dem Genie, des Herzens mit dem Verstande [...] — diß wird der allgemeinste Karakter, der Geist des Journals seyn.« (Brief an Steinkopf vom 18.6.1799, SWB II, S. 778) Ende 1799 ist das Projekt der poetischen Monatsschrift gescheitert.)

22,12 alles ... positive] Das durch Menschen ›Gesetzte‹, geschichtlich Hervorgebrachte — und der Kritik (und Aufklärung) Bedürftige.

23,30–33 Die ... desselben] Textergänzung auf Grund von FHA Bd.14, S. 88.

24,10–11 so ... geboren] Vgl. Ilias I, S. 352.

24,27 *enfant gaté*] Schoßkind.

26,12 ein harmonisches Ganze] Vgl. Anm. zu *11,11*.

27,5 Eigentümlichkeit] individuelle Eigenschaft (proprietas).

28,14–23 Das ... Aether] Hölderlin fügt in die Niederschrift die Übersetzung des Beginns der 1. Olympischen Ode Pindars ein.

28,34–29,1 als ... entstanden] Thales v. Milet (6. Jahrh. v. Chr.), vgl. Aristoteles, Metaphysik I,3.

29,17–18 Rede des Phönix] vgl. Ilias IX, S. 485–498.

31,15–16 wo ... finden] Ilias IX, S. 185–191.

33,1 Entstanden um die Jahrhundertwende 1799/1800, vgl. FHA Bd. 14, S. 135; Vgl. Einleitung, Anm. 25.

33,10–12 Denn ... muß] Textkonstitution, die das am unteren Rand der Seite notierte »S(y)eyn alles angesehen werden muß« (vgl. FHA-Supplement II, a.a.O., S. 179) als erweiternde Korrektur in den Relativsatz einfügt.

36,26–27 ein ... Epikuräismus] sinnlicher Idealismus meint kein theoretisches Konzept, sondern die Selbstbescheidung in einer zum ›Ideal‹ erhobenen Sinnlichkeit, die das Bestehende als unveränderlich denkt. In diesem Sinne auch der Hinweis auf Epikur.

36,29 *Prudens ... exitum* pp.] Horaz, Ode III,29: »prudens futuri temporis exitum / caliginosa nocte premit deus / ridetque, si mortalis ultra / fas trepidat.« (V. 29 ff.) »Weise hat zukünftiger Zeit Ausgang / in dunkler Nacht verborgen die Gottheit; sie lacht / wenn ein Sterblicher über / Gebühr besorgt ist.« (Übers. B. Kytzler, in: Horaz, Oden und Epoden, Stuttgart [3]1984, S. 181)

39,1 Im ersten Halbjahr 1800 geschrieben.

39,2–3 die ... ist] Vgl. Einleitung, Anm. 30.

40,4 das ... Gehalts] Nicht zu verstehen im Sinne der traditionellen Dichotomie zwischen der Ewigkeit eines ›mundus intellegibilis‹ und der Veränderlichkeit des ›mundus sensibilis‹. Es kommt auf »die Forderung der Einigkeit und Ewigkeit in jedem Momente« an.

41,24 Metapher] Wörtlich zu verstehen als Übertragen. Das Tun der Sprache ist ›Sinn-Übertragung‹. Vgl. 61,35–36 »mich veranlaßt, diesen Stoff in das Zeichen überzutragen«.

41,34 Intellectuale Anschauung] Dem heroisch-tragischen Ton zugeordnet als eine der »Arten des subjectiven Begründens« (vgl. S. 44).

43,1–4 dienen ... Fortschritt] Textkonstitution auf Basis von FHA-Supplement II, a.a.O., S. 112.

43,13 ihrem Hyperbolischem] von »ὑπερβάλλειν« (darüber hinaus werfen), nicht im Sinne von übertreibend, sondern von ›über sich selbst hinausgehend‹ — vgl. S. 50: »die Hyperbel aller Hyperbeln« und S. 58: »über sich selbst hinausgeht«.

43,14 Karakter] Davor Lücke im Text.

46,30 (Verbindungsmittel ... Zeichen.)] Hölderlin fragt hier poetologisch (und im folgenden erkenntnistheoretisch) nach der Verbindung von Geist und Zeichen, die er als Erfahrungsgehalt geschichtlicher Veränderung in ›Das untergehende Vaterland ...‹ expliziert hat (vgl. S. 37; vgl. auch Einleitung, S. XXVIII, XXIX). Die Wirklichkeit dieses Erfahrungsgehaltes ist »das zum Grunde liegende Leben«, das der Dichter »durch diß verwandte Zeichen« hervorruft (vgl. S. 61).

49,1–5 ich ... gehe] Vgl. Kant, Kritik der Urteilskraft, § 27: »[...] die Zusammenfassung der Vielheit in die Einheit, nicht des Gedankens, sondern der Anschauung, mithin des Sukzessiv-aufgefaßten in einen (einem) Augenblick, ist dagegen ein Regressus, der die Zeitbedingung im Progressus der Einbildungskraft wieder aufhebt und das Zugleichsein anschaulich macht.« (B 99, a.a.O., B 346)

49,16–18 Scheidepunct ... Entgegengesezten] Das »Harmonischentgegengesetzte« bildet sich als ›gegenstrebige Fügung‹, vgl. Anm. zu 11,11.

50,1–3 wenn ... soll] Positiv hier, wie bei Hegel, als abwertender Ausdruck.

50,7–8 Karakter ... Stillstands] Eines Nichts an Realität analog der Bestimmung reiner Übergängigkeit im Kontext geschichtlicher Auflösung in ›Das untergehende Vaterland ...‹ (vgl. »reales Nichts«, S. 34). Dieses Nichts an Realität ist Bedingung der Möglichkeit des Werdens von Realität.

50,29–52,11 (Innerhalb ... werde.)] Textkonstitution auf Basis von FHA-Supplement II, a.a.O., S. 98–105.

56,14–15 in ... nichts] Vgl. Einleitung, S. XXXVII–XXXVIII.

56,35–57,4 einer Empfindung] die ›transcendentale‹ Empfindung ist deshalb »göttlich«, weil sie »weder bloße Reflexion [...] noch bloßes Streben [...] noch bloße Harmonie, wie die intellectuale Anschauung und ihr mythisches bildliches Subject Object, mit Verlust des Bewußtseyns, und der Einheit« ist. Die »bloße Harmonie« intellektueller Anschauung wird damit zu einer Stellung der Empfindung zur Realität des »Lebens überhaupt« depotenziert.

57,24 fähig] Zur Vervollständigung des Satzes sollte ergänzt werden: »weniger empfänglich, und geringerer Dauer fähig *ist.*«

58,19–20 So ... Erkenntniß] »Ahnden« ist antizipiertes Erinnern (vgl. Einleitung, Anm. 36). In der Sprache entsinnen wir uns der Erkenntnis.

59,21–23 dem ... Dank] Vgl. ›Fragment philosophischer Briefe‹, S. 11.

61,1–2 Das ... Sprache] Vgl. Kritik der Urteilskraft, § 49: »[D]ie ästhetische Idee ist eine einem gegebenen Begriff beigesellte Vorstellung der Einbildungskraft, welche [...] zu einem Begriffe viel Unnennbares hinzu denken läßt [...] und mit der Sprache, als bloßem Buchstaben, Geist verbindet.« (A.a.O., S. 417) In der ›Anthropologie in pragmatischer Hinsicht‹ ergänzt Kant: »Ein gutes Gedicht ist das eindringendste Mittel der Belebung des Gemüts.« (A.a.O. (Einl., Anm. 36), S. 575)

61,12 von nichts positivem ausgehe] Vgl. Anm. zu *50,1–3.*

61,23 *modus exprimendi*] Art des Ausdrucks.

61,24–26 nicht ... Kunst] Der Satz, in dem Hölderlin abrupt einen Argumentationssprung vollzieht, ist darüber hinaus grammatisch unvollständig. Zum Verständnis der Argumentation sollte konjiziert werden: »... insofern sie nicht seine Sprache, nicht aus seinem Geiste hervorgegangenes Product *sind,* sondern als Sprache der Kunst *ist sie* [= die schöpferische Reflexion des Gedichts], so bald sie in bestimmter Gestalt...«.

63,1 Die poetologischen Aufzeichnungen dürften im Anschluß an ›Wenn der Dichter einmal des Geistes mächtig ist ...‹ 1800 in Stuttgart entstanden sein, vgl. FHA Bd. 14, S. 323, 329 u. 343.)

63,3–4 Empfindung, Leidenschaft, Phantasie — naiv, energisch (heroisch), idealisch: Es sind dies die drei Verarbeitungs- und Ausdrucksmodalitäten des »aus dem Zusammenhange der lebendigen Welt genommenen Stoffs« (vgl. S. 42), aus denen sich der Kalkül des ›Wechsels der Töne‹ zusammensetzt.

64,10 Styl des Lieds Diotima] Auf welche Fassung (›Lange todt ...‹, ›Leuchtest du ... ‹, ›Komm und besänftige‹) Hölderlin hier anspielt, ist unklar.

64,18 Die Notiz steht auf einem Doppelblatt mit Entwürfen zu ›Ode an Buonaparte; Sybille; Der Baum; Die Sprache; Der Prinzessin Auguste von Homburg‹, der Notiz: ›Gestalt und Geist‹ sowie dem Epigramm ›προς εαυτον‹.

64,18 Katastrophe] Um- (Herab)wendung.

68,11–16 Metapher ... Anschauung] Metapher ist wörtlich zu verstehen als »Übertragung« der qua Gefühl oder großer Bestrebungen oder intellektueller Anschauung dem jeweiligen Gedicht zugrundeliegenden Begründungsart.

69,1–2 Pindarischen ... Diagoras] 7. Olympische Hymne.

69,13–14 das heroischere aorgischere] Aorgisch = nicht-organisiert (vgl. ›Grund zum Empedokles‹, S. 79ff.; ›Anmerkungen zur Antigonä‹, S. 104ff.).

69,26 μηνιν αειδε θεα] Der Beginn der Ilias: »Den Zorn singe, o Göttin«.

70,8–9 Eine ... liegen] Vgl. Einleitung, S. XXXVII.

71,28–31 im ... Aorgischern] vgl. Anm. zu *82,21.*

71,35–37 in ... Anfang] Mythologisierende Formulierung des Grundgedankens von ›Seyn, Urtheil, ...‹.

72,13–18 Ist ... tragisch] Historisierende Betrachtungsweise des ›Oedipus‹ als tragischer, der ›Antigonä‹ als lyrischer Tragödie.

74,1 Die Textgrundlage für diese Rezension bildet eine Abschrift von Isaak v. Sinclair (1775–1815). Siegfried Schmid (1774–1859), den Hölderlin 1797 kennenlernte, verfaßte das Drama ›Die Heroine, oder zarter Sinn und Heldenstärke‹, das er im Februar 1801 an Hölderlin schickte, der die Rezension vermutlich sofort geschrieben hat, da Schmid Hölderlins unpublizierte Rezension der Bewerbung um eine Professur für Beredsamkeit und Rhetorik in Gießen beigefügt hat (vgl. FHA Bd. 14, S. 373).

77,1–2 statt *mercurial*ischer Schwingen] Flügelschuhe waren Attribut des Hermes (Merkur).

78,1 Nach 1804 in Homburg entstanden.

78,2 Lyrisch tragisch episch] Diese Stichworte dürften einige Jahre früher geschrieben sein als die vermutl. 1804/05 entstandene Notiz.

78,3 Fabel] Übersetzung von »Mythos« (vgl. Einleitung, Anm. 20). Hölderlin definiert sie im Brief an Seckendorf vom 12.3.1804 als »poëtische Ansicht der Geschichte«.

78,17 Zusammenhang ... und Geister] Geister ist Übersetzung von »θεοί« oder »δαίμονες«.

Texte zur Theorie der Tragödie

79,2 Hölderlins theoretische Reflexion seiner Arbeit am Trauerspiel ist vermutlich auf Herbst 1799 zu datieren.

80,18–19 Auch ... aus] Vgl. ›Fragment philosophischer Briefe‹, S. 10, 11.

80,25 nefas] Frevel, Sünde, vgl. Anm. zu *96,7*.

82,21 die aorgischere Natur] der nicht-organisierte, elementare, allgemeine und »desorganische« (vgl. S. 84/85) Aspekt von Natur, das »Unbegreifliche, Unfühlbare, Unbegrenzte« (S. 82), das von sich aus der Form und Begrenzung bedarf.

83,9–13 In ... ablegt] Das Begriffspaar »organisch-aorgisch« bildet mit dem von »Natur-Kunst« eine viergliedrige Relation.

83,27–84,3 Aber ... Tode] Textkonstitution auf Basis von FHA Bd. 12, S. 422.

86,17 Opfer ... Mensch, das] Textkonstitution auf Basis von FHA Bd. 12, S. 430.

87,34–35 üppige ... sprechender] Textkonstitution auf Basis von FHA Bd. 12, S. 434.

90,7–8 in ... Innigkeit] Vgl. ›Wenn der Dichter einmal des Geistes mächtig ist ... ‹, S. 56.

93,1 Hölderlin verspricht am 8. Dezember 1803 dem Verleger Wilmans eine ›Einleitung zu den Tragödien des Sophokles‹ auszuarbeiten (vgl. SWB II, S. 925). In diesen Zusammenhang dürfte der Text gehören.

93,6–11 Lebenslicht ... Zeichen] den Ausdruck »Lebenslicht« gebraucht Hölderlin im Brief an Böhlendorff vom November 1802, ebenso den Begriff des »Zeichens«: »das Höchste der Kunst, die auch in der höchsten Bewegung und Phänomenalisirung der Begriffe [...] alles [...] für sich selbst erhält, so daß die Sicherheit in diesem Sinne die höchste Art des Zeichens ist.« (SWB II, S. 921)

94,1 Hölderlin hat vermutlich 1802 in Bordeaux begonnen, den Plan der Sophokles-Übersetzung zu realisieren. Die Übersetzungen von ›Oedipus‹ und ›Antigonä‹ sind dann 1804 mit den Anmerkungen erschienen. Nicht nur die öffentliche Reaktion war vernichtend. Schelling z.B. schreibt am 14. Juli 1804 an Hegel: »Seinen [= Hölderlins] verkommenen geistigen Zustand drückt die Übersetzung des Sophocles ganz aus.« (SWB III, S. 631)

Als Vorlage für seine Übersetzungen und Anmerkungen diente Hölderlin in erster Linie folgende Ausgabe (voller Druckfehler): SOPHOCLIS TRAGOEDIAE SEPTEM cum Interpretationibus vetustis& valde utilibus, Francoforti MDLV (= Brubachiana 1555), vgl. J. Schmidt, Kommentar zu Hölderlins Sophokles-Übersetzungen, DKA Bd. 2, a.a.O., S. 1323–1375; 1393–1470. Für die Übertragung des ›Ödipus‹ muß Hölderlin eine spätere Ausgabe zumindest zeitweise benutzt haben, wahrscheinlich: Sophoclis Tragoediae Septem, cum Interpretatione Latina [...] Ed. cur. Joannes Capperonnier [...] Notas adj. Joannes-Franciscus Vauvilliers [...] Parisiis M.DCC.LXXXI (Paris 1781); vgl. SWB III, S. 431.)

94,6 μηχανη] Maschine, Kunstgriff, Technik (= Verfahrungsart).

94,17 (*moyen*)] Mittel, Darstellungsmittel.

95,6 Transport] Übertragungsweise, vgl. Anm. zu *41,24*.

95,10 Summum] Höhepunkt, das Höchste.

96,7 *nefas*] Frevel, Übertretung, vgl. Anm. zu *80,25*.

97,22 das Blöde] im älteren Sinn von »befangen«.

98,9 das närrischwilde Nachsuchen] »Närrisch« (narret) hat im Schwäbischen die Bedeutung von zornig, d.h. der ὀργή, dem Zorn.

100,21–22 die ... wird] Die Dichtkunst ist »in ihrem Enthusiasmus, wie in ihrer Bescheidenheit und Nüchternheit ein heiterer Gottesdienst [...] Das Trauerspiel zeigt dieses per *contrarium*. Der Gott und der Mensch scheint Eins, darauf ein Schiksaal, das alle Demuth und allen Stolz des Menschen erregt und am Ende Verehrung der Himmlischen einerseits und andererseits ein gereinigtes Gemüth als Mencheneigentum zurükläßt.« (Briefentwurf an einen Unbekannten, SWB II, S. 851)

100,23 durch ... reinigt] Anspielung auf die Lehre von der κάθαρσις (vgl. Aristoteles, Poetik, 6).

100,23–24 Της ... ευνουν] »Der Natur Schreiber war das Schreibrohr eintauchend, das wohlgesinnte.« Im Artikel »Aristoteles« heißt es in der Suda (einem byzantinischen Lexikon aus dem 10. Jahrhundert), »daß Aristoteles der Natur Schreiber war, das Schreibrohr eintauchend in Sinn (εἰς νοῦν)«. Zu Hölderlins Vorlage für das Zitat vgl. R. Brague, Ein rätselhaftes Zitat über Aristoteles in Hölderlins ›Anmerkungen zum Oedipus‹, in: H.-J. Gawoll/C. Jamme, Idealismus mit Folgen (= FS O. Pöggeler), München 1994, S. 72.

101,4 das ... Kezergerichtes] eine anachronistische, sich mittelalterlicher Terminologie bedienende Parenthese.

102,9 Rhythmus der Vorstellungen] = »das Zusammenhängen der selbstständigen Theile der verschiedenen Seelenvermögen« = das »kalkulable Gesez« (vgl. Anm. zu *94,6*).

103,5 das tragischmäßige Zeitmatte] »mäßig« im Unterschied zu »am unmäßigsten«.

103,14 Wer ... seyn] Hinweis auf die ἄγραπτα νόμιμα, die »ungeschriebenen Gesetze«.

103,29–32 Wohl ... gehet] Vgl. Einleitung, S. XLII–XLVII.

104,23 Schiksaal ... Niobe] Niobe rühmte sich ihres eigenen Kinderreichtums und verbot, Leto zu opfern, da diese nur Artemis und Apollon als Kinder habe. Daraufhin tötete Artemis die sieben Töchter und Apollon die sieben Söhne der Niobe. Der Schmerz versteinerte Niobe zu einem Felsen auf dem Sipylos in Phrygien.

104,26 dem Aorgischen] Vgl. Anm. zu *82,21; 83,9–13.*

104,29 Vater der Zeit] Jupiter (»Diespiter«), Sohn des Saturn.

104,30 Die ... goldnen] Hölderlins Übersetzung läßt Zeit, »um es unserer Vorstellungsart mehr zu nähern«, nicht am Lauf der Sonne, sondern an Glockenschlägen messen: diese gab es erst im Mittelalter.

105,1 Vater ... Erde] Entmythologisierende Übersetzung für Zeus.

105,22–23 Antitheos ... verhält] Nicht nur ›gegen Gott‹, sondern das Vermögen des Geistes aktualisierend, das als Göttliches (als »Geist des Höchsten«) vorgestellt wird, in diesem Sinn: in Gottes Sinne.

106,33 das Schiksaallose, das δυσμορον] dysmoros = unglücklich: schicksallos ist der, der kein Geschick hat.

108,1–2 Denn ... Vorstellungsarten] Umkehr = Umkehrung, Umwälzung, Revolution (vgl. Grimm'sches Wörterbuch, Art. »Umkehr/Umkehrung«, a.a.O., Bd. 23, S. 972/73; vgl. auch den Schluß der ›Anmerkungen zum Oedipus‹: »kategorische Umkehr«).

108,14 προφανηϑι ϑεος] »Erscheine Gott!« (Kultruf des Dionysos). Hölderlin übersetzt (Antigonä, V. 1199): »Sohn, Zeus Geburt! / Werd' offenbar!«

Pindar-Fragmente

111,1 Die Datierung der Fragmente ist umstritten. Wahrscheinlich sind sie im Sommer 1805 entstanden (vgl. FHA Bd. 15, S. 331).

Textbasis für Hölderlins Übersetzung der Fragmente Pindars war die mit einer lateinischen Übersetzung versehene Stephaniana 1560: PINDARI Olympia, Pythia, Nemea, Isthmia [...] Omnia Graece et Latine [...] Anno M.D.L.X. Excudebat Henr. Stephanus und deren Ergänzungsband, in dem sich die Fragmente finden: CARMINUM POEtarum novem, lyricae poseως principium, fragmenta. Zum Nachweis der übersetzten Fragmente in den modernen Ausgaben von Snell (Pindari carmina cum fragmentis, ed. B. Snell, ed. tertia, Pars altera,

Fragmenta, Indices, Leipzig 1964) und der zweisprachigen Ausgabe in der Tusculum-Bücherei (Siegesgesänge und Fragmente, hg. u. übers. v. O. Werner, München 1967) dient folgende Übersicht: *Untreue der Weisheit*: Snell Nr. 43; Tusc. Nr. 30; *Von der Wahrheit*: Snell Nr. 205; Tusc. Nr. 171; *Von der Ruhe*: Snell Nr. 109; Tusc. Nr. 86; *Vom Delphin*: Snell Nr. 140b; Tusc. Nr. 117; *Das Höchste*: Snell Nr. 169; Tusc. 143; *Das Alter*: Snell Nr. 214; Tusc. Nr. 179; *Das Unendliche*: Snell Nr. 213; Tusc. Nr. 178; *Die Asyle*: Snell Nr. 30; Tusc. Nr. 13; *Das Belebende*: Snell Nr. 166; Tusc. Nr. 141.

111,3 des ... Haut] Gegen die Etymologie (pontisch von pontos = Meer: Meertier) spielt Hölderlin auf den Kentauren Chiron an, der in einer Felsengrotte lebte und u.a. Achill und Jason die »Dichtkunst und Musik« (τέχνην λυρικὴν καὶ μουσικὴν) in der »einsamen Schule« lehrte.

111,17 So tritt Jason] Übersetzung aus der 4. Pythischen Ode Pindars, V. 101–107 (in Hölderlins Übersetzung V. 180–189).

111,24 Noch ... schmuziges] Die lat. Übersetzung hat in der Stephaniana »sordidum« für das korrupte ἐντράπελον.

112,1 Der Titel verdankt sich der Quellenangabe in der Stephaniana.

112,13 In stiller Witterung] Für εὐδίᾳ, eigentlich »heiteres Wetter«.

112,15 heiliges Licht] Übersetzung von Ιερὸν φάος. In den neueren Ausgaben: φαιδρὸν φάς (strahlendes Licht).

112,29–30 den ... Weise] originell im wörtlichen Sinne von ursprünglich (vgl. auch Anm. zu »Das Belebende«, S. 117).

113,1 Der Titel verdankt sich der versio latina in der Stephaniana.

113,13 Tritonen] Triton ist Sohn der Meeresgottheiten Poseidon und Amphitrite (vgl. Hesiod, Theogonie, S. 930ff.). Attribut der Tritonen ist das Muschelhorn: Hölderlin akzentuiert dessen Klang zu »die Pfeife«.

113,15 Zum Ganzen vgl. Einleitung, S. L–LI.

114,14 Der Titel leitet sich von γηροτρόφος (das Alter nährend) ab, das Hölderlin mit »Lang Leben machend« übersetzt.

115,4–5 mich selbst Umschreibend] Übersetzung von περιφράξας (= Verschanzung) in der Stephaniana, das Hölderlin wie περίφρασις (Umschreibung) liest.

115,20–22 Die ... Zeiten] Übersetzung von μοῖραι (eigentlich die Schicksalsgöttinnen).

115,25 alte Tochter] Übersetzung von ἀρχαίαν ἄλοχον, eigentlich »die erste Gattin« (des Zeus).

115,29 Ruhestätten] Übersetzung von σωτῆρας (= Retterinnen). Aus dieser Übersetzung ergibt sich der Titel.

116,1 Wie ... Themis] Etymologische Verbindung der Themis

(= Tochter von Uranos und Gaia, Göttin sittlicher Ordnung) mit dem Verb »τιθέναι« (setzen).

116,4 Zucht] »der Kirche und des Staats Gesez und anererbte Sazungen« (vgl. ›Das Höchste‹, S. 114).

116,14 Centauren] Ixion, durch Zeus getäuscht, umarmte statt Hera eine Wolke: die Frucht dieser Verbindung mit den Wolken sind die Kentauren. Hölderlin verwendet auch die Etymologie von »ταῦρος« (= Stier, vgl. »silberne Hörner) und »κεντεῖν« (= stechen, durchstechen, vgl.: »mit Gewalt [...] durchreißen mußte«; »an einer Stelle durchbrach«).

116,20–21 der ... Stromes] Zentraler Begriff für dieses Fragment, in dem Hölderlin die Kulturstiftung als naturgeschichtlichen Vorgang deutet.

116,28–29 ursprünglich ... Naturwissenschaft] Bezieht sich vor allem auf den, dem Mythos nach, Naturkunde wie Naturwissenschaft und -heilkunde und die Astronomie beherrschenden Chiron (vgl. Anm. zu *111,3)*.

117,2–3 dem ... gleich] Der Vergleich mit dessen barbarischen Verhaltensweisen (vgl. Odyssee IX, V. 106ff.; V. 272ff.) betont den Gewaltaspekt naturentwachsender ›Kultur‹.

117,17 den ... Forsts] In ›Der Archipelagus‹ spricht Hölderlin von den »Freien«, den »Alten«, die »von Berge zu Berg' einst/Zogen, die Fürsten des Forsts und des weitumirrenden Stromes« (vgl. SWB I, S. 300). Stellvertretend für diese mythischen Kulturstifter heißt es von Herakles — wobei Hölderlin zugleich griechische und christliche Mythologie in geschichtsphilosophischer Abbreviatur synkretisiert — in ›Der Einzige‹:

»Wie Fürsten ist Herkules. Gemeingeist Bacchus.
Christus aber ist
Das Ende. Wohl ist der noch andrer Natur; erfüllet aber
Was noch an Gegenwart
Den Himmlischen gefehlet an den andern.«

(Vgl. SWB I, S. 469)

117,20–21 aus ... trinkend] In der Antike sprach man nicht von Flußarmen, sondern von Flußhörnern — deswegen muß der Fluß »Arme« gewinnen und trinkt so »von selbst aus silbernen Hörnern« (vgl. J. Schmidt, DKA, a.a.O., S. 1313).

117,24 Gesänge des Ossian] Hölderlin hielt Ossian für eine authentische Gestalt aus mythischer Zeit. Chiron galt als Lehrer der Dichtkunst und Musik, deswegen: »Gesänge [...] mit dem Stromgeist gesungen, und wie vom griechischen Chiron«.